CAIXA PRETA

Copyright da presente edição © 2022 by Editora Globo S.A.
Copyright © 2022 by Luiza Brasil

Todos os direitos reservados.
Nenhuma parte desta edição pode ser utilizada ou reproduzida — em qualquer meio ou forma, seja mecânico ou eletrônico, fotocópia, gravação etc. — nem apropriada ou estocada em sistema de banco de dados sem a expressa autorização da editora.

Texto fixado conforme as regras do Novo Acordo Ortográfico da Língua Portuguesa (Decreto Legislativo nº 54, de 1995).

Editor responsável: Guilherme Samora
Editora assistente: Gabriele Fernandes
Preparação: Jaqueline Martinho dos Santos
Revisão: Adriana Moreira Pedro e Francine Oliveira
Foto de capa: Vitor Manon — Noyze
Design de capa: Cris Viana — Estúdio Chaleira
Projeto gráfico e diagramação: Douglas Kenji Watanabe
Ilustrações: Luiza Brasil

CIP-BRASIL. CATALOGAÇÃO NA PUBLICAÇÃO
SINDICATO NACIONAL DOS EDITORES DE LIVROS, RJ

B83c

Brasil, Luiza
Caixa preta: negritude, pertencimento, feminino e autoestima, relacionamentos y otras cositas más / Luiza Brasil. — 1ª ed. — São Paulo: Globo Livros, 2022.

ISBN 978-65-55670-60-8

1. Feminismo — Miscelânea. 2. Mulheres negras — Conduta. 3. Feministas negras. 4. Negras — Identidade racial. I. Título.

| 22-78944 | CDD: 305.42 |
| | CDU: 141.72 |

Meri Gleice Rodrigues de Souza — Bibliotecária — CRB-7/6439

1ª edição, 2022

Editora Globo S.A.
Rua Marquês de Pombal, 25
Rio de Janeiro, RJ — 20230-240
www.globolivros.com.br

LUIZA BRASIL

CAIXA PRETA

Negritude, pertencimento, feminino e autoestima, relacionamentos y otras cositas más

GLOBOLIVROS

Para os meus pais

Caros Leci e Getúlio,

Tive a sorte de nascer em uma família muito amorosa e extremamente acolhedora. Desde criança, me sentia muito ativa nos espaços a que pertencia: sem medo de expressar minha opinião, entrosada e com bastante senso crítico. Hoje em dia, vejo o quanto essa base influencia nas minhas escolhas e na minha vida.

Leci, educadora com formação em pedagogia, e Getúlio, engenheiro e advogado. Agora me pergunto: como foi para eles serem os primeiros negros com formação acadêmica da família, nos anos 1960 e 1970? Diante das desestruturas financeira e familiar, como surge a consciência racial? Como foi assumir cargos de gestão em grandes instituições públicas e federais? E a decisão de proporcionar o melhor que podiam para mim em termos de acesso à educação e à cultura, quando nunca se teve esse referencial dentro de casa? Olha, acredito que nem vocês tenham parado para pensar nisso, afinal, viver é melhor do que sonhar quando é uma questão de sobrevivência, não é mesmo? Mas posso afirmar uma coisa: valeu a pena!

Sei que talvez não tenham tido tanta oportunidade de se debruçarem sobre a leitura de teóricos negros ou sobre livros com temáticas raciais, e tá tudo bem! Mas a experiência de vocês nos novos lugares onde ocupavam os fizeram entender, na "escola da vida", a inquietante equação inversamente proporcional que é entrar em um sistema com tudo o que ele te exige: formação, estudo, articulação, "boa apresentação", mas ainda não se sentir "dentro". É frustração e angústia que vocês converteram em resistência e existência.

À dona Leci, devo o meu senso de disciplina e rigor, principalmente quando falo de lugar profissional. É sobre ter firmeza e entendimento do que somos e construir uma jornada de liderança e poder, mesmo quando todos questionam a nossa presença ou tentam nos menosprezar, pois nos acham "metidas" ou "arrogantes". É se apropriar da noção de que somos a estrutura que movimenta o mundo sem se curvar para os abusos.

O senhor Getúlio me ensina diariamente a ser uma mente questionadora do status quo, sem perder o brilho, o carisma e a arte de viver bem. Sempre fez questão de enaltecer minha inteligência não óbvia (que tinha lá suas dificuldades para uma equação de matemática ou alguma fórmula de física), com uma habilidade imensa para analisar o mundo, ouvir, ter voz ativa e transitar de forma fluida por todos os lugares e pessoas com muita humildade, mas sem ser servil.

Ambos me ensinaram a batalhar, romper espaços e evoluir com originalidade, sagacidade e otimismo. Afinal, nos ver cabisbaixos e amargos também é uma estratégia de quem nos oprime e não nos quer no topo.

É, não é dessa vez que trago a notícia de que passei num concurso público federal daqueles ou segui a carreira de diplomata no Itamaraty, como já chegaram a sonhar. Mas saibam que por causa de vocês eu realizo um dos maiores feitos de uma filha: a liberdade de escrever a sua própria história sem os fantasmas das projeções e das comparações. E isso é revolucionário!

Que alegria ter este espaço para compartilhar vivências e celebrar tudo o que vivemos até aqui, seja no âmbito familiar, seja no mundo. Essa conquista é toda nossa!

Beijos carinhosos e muito obrigada,

Luiza

Nota da autora

Este livro foi inspirado na minha coluna "Caixa Preta", da revista *Glamour*, em que escrevo desde 2018. E, claro, não se trata de um "copia e cola". Afinal, ao longo de cinco anos muita coisa mudou — inclusive eu. Assim, revisitei temas e acrescentei outros também importantes. Reescrevi e criei novos textos.

Boa leitura!

Sumário

PARTE 1 | SER PRETE

Eu represento? Eu pertenço! 16
Beleza é quilombo! 22
Bate cabelo, bate cabeça! 26
Empoderada, eu? 36
Não basta ser mulher... 42
Amor: um defeito de cor? 46
Somos todos antirracistas? 50
Preta Patrícia entrou no chat! 54
Descansa, militante! 60
É nosso, é sagrado! 64
Brasil, chegou a vez... 68

PARTE 2 | SER MULHER

Você sabe DE QUEM está falando? 74
Cansei de ser sexy. E só *"repeller"* também! 80

Liberté, egalité, fraternité et... "objetifiqué"?   84

Um corpo (político) no mundo!   90

Carnaval: liberdade é fantasia?   94

Síndrome da impostora: eu fui!   98

Juntas e misturadas   104

Por favor, meu ego!   108

PARTE 3 | SER AFETO

Tive oito namorados   114

E as meninas?   120

Encantamento: o "charme do mundo"   126

Sobonfu, conte comigo para tudo!   130

Primeiro, ELE é que teve que morrer...   136

(Amor e) sexo   140

Um Rabbit para chamar de meu   146

Prazer, Helô!   150

Nome limpo!   154

Dengo: viva e deixe viver!   158

Unidas da solitude   162

PARTE 4 | SER DIGITAL

Quando o digital era tudo mato...   168

Diga-me quem segues...   172

Diversidade e inclusão: um post no feed, um minuto
de dancinha e *lip sync*   176

Nanomanual do cancelamento (ou de quando você fizer m*rd@ na vida mesmo)   180
Menos influencers e mais *game changers*!   184
@SerHumano real-oficial   188

PARTE 5 | SER REAL

Voltei pra mim!   194
Empreendedorismo: prefiro evitar a fadiga…   198
Vestindo a consciência   202
Força aos ícones!   206
Grana preta   210
Madame Brasil e a estranha mania de ter fé na vida   214
Mundo, me sinto pronta!   218
Carta para os meus filhos!   222

Agradecimento   226

PARTE 1

Ser prete

Eu represento?
Eu pertenço!

"Se a representatividade abre portas,
o pertencimento é como se fosse um tapete estendido
para nossos sonhos e vontades de criar um novo lugar."

[...] *Mas ela ao mesmo tempo diz que tudo vai mudar*
Porque ela vai ser o que quis, inventando um lugar [...]

Se eu pudesse definir em uma música a trilha sonora da minha vida, certamente seria "Tigresa", de Caetano Veloso, cujo trecho está acima. Ainda nos dias de hoje, acho muito inspiradora essa mulher intensa, cheia de histórias para contar, articulada, consciente e, sobretudo, livre. Toda essa atitude se potencializa ainda mais quando cantada por Maria Bethânia.

Seus versos falam sobre desbravar espaços, ter ousadia para mudar, determinação e inquietação. Tudo isso é maravilhoso porque, quando a gente se sente um estranho no ninho, nosso corpo vibra diferente, sabe?! E isso não é papo de cirandeira fajuta, não! O medo e a falta de aceitação podem nos paralisar ou simplesmente fazer com que entremos no doloroso exercício de constante adequação a padrões e convenções para, no fim, ainda não nos sentirmos parte da rodinha.

Mas quando a gente constrói um novo lugar, sem heranças familiares e sem buscar fazer parte da patota de protegidos, porém com muito jogo de cintura e criando boas conexões, passa a ver possibilidades e inspirar outros com vivências semelhantes. Pavimentar nossa estrada do zero é desafiador, mas traz esperança para traçarmos rotas do que almejamos para o futuro, revisitando o que queremos evoluir do passado, sem deixar de viver o estado de presença do agora. Não se esqueça: divertir-se no meio do caminho é preciso!

Desde adolescente, fase em que a gente se depara com a necessidade recorrente de ser aprovado, foi crucial tirar do meu dicionário o "eu não sou", "eu não posso", "não é meu", "não é pra mim". Comecei a praticar o exercício de conversar comigo mesma em frente ao espelho, como a Issa Dee, na série *Insecure*, e entoava mantras como "eu AGREGO", "sou NECESSÁRIA" e "eu PERTENÇO"! Fiz isso repetidas vezes até acreditar em mim mesma. Foi desafiador, mas o meu Sol em Leão talvez tenha ajudado.

Ter um espaço em que podemos ser quem somos e temos a liberdade de errar e evoluir, sem receio dos julgamentos ou daquela cobrança de precisar ser sempre quatro vezes melhor do que o mundo inteiro, é o que eu e muitas mulheres negras desejamos.

Se a representatividade abre portas, o pertencimento é como se fosse um tapete estendido para nossos sonhos e vontades de criar um novo lugar. Por isso, amo falar sobre a importância do Pertencimento Ativo em tudo que se faz; e qual é o poder desse Pertencimento Ativo com "p" e "a" maiúsculos? O de ser uma evolução do nosso espaço de ocupação e de representatividade. Pertencimento é ter poder de opinião, é transitar entre as variadas esferas estruturais: dos cargos iniciais aos de liderança. É sobre construir o que convém e se sentir confortável.

É como na metáfora: mais do que só chamar para a festa, o Pertencimento Ativo te leva para a pista de dança, te chama para dançar e, no final, você ainda se sente à vontade para tirar os sapatos com os novos amigos que te acolheram. Alguns estudos mostram que o senso de pertencimento é um dos fatores mais fortemente relacionados à saúde mental. Um deles, cujo autor é Darrell Hudson, pesquisador da Universidade de Washington, mostra que pessoas negras que ascendem socialmente, mas não se sentem pertencentes ao novo lugar, seja por falta de referencial, seja pela solidão de não ter pessoas com as mesmas vivências ao redor, experimentam estresse e outros problemas de saúde. Mais do que ocupar para ser apenas um número sem voz no meio das metas corporativas, acredito no pertencer para naturalizar nossa participação para além do que é racial.

Como construir esse local seguro enquanto pessoas negras? Como fazer para nos sentirmos pertencentes em posições de prestígio social e ainda conciliar imagem e autoestima, principalmente quando somos mulheres?

O primeiro passo é se perguntar: o que te conecta com a sua ancestralidade? No meu caso, a moda foi uma grande aliada, pois foi com ela que entendi desde muito nova quem eu sou, a importância da minha história para inspirar a minha criatividade e entendi o poder da minha imagem e do meu intelecto enquanto ferramenta política.

Nunca menospreze o seu senso de inovação. É importante ter coragem para inventar lugares que te tragam segurança, e isso também requer instinto visionário: para vislumbrar novas posições antes mesmo de elas existirem!

Ah, por último, mas não menos importante: você não precisa da aprovação de tudo e de todos a todo momento para pertencer. Se apegar às suas convicções (sem ser inflexível) é fundamental para não cair nas sedutoras ciladas de um sistema que quer a nossa adequação o tempo todo!

Assim como ouvi da publicitária Samantha Almeida, "Nós somos a última geração a sermos a primeira", é sobre hackear novos espaços. É criar lugares e fazer com que outras pessoas também se sintam não só aceitas, mas como personagens atuantes. É sobre pluralidade, mas também protagonismo e individualidade.

Que a nossa imagem nos conecte com o nosso passado, porém que enxerguemos com coragem não só o futuro, como também o presente. Que a nossa maior conquista para o nosso Pertencimento Ativo seja a liberdade de sermos quem quisermos nos lugares que inventarmos.

Representatividade importa. Pertencimento humaniza.

CAIXA PRETA

47,8% dos profissionais negros não têm a sensação de pertencimento nas empresas em que trabalham.

Plataforma Indeed e Instituto Guetto, 2021

Fonte: <https://www.correiobraziliense.com.br/euestudante/trabalho-e-formacao/2021/06/4929330-diversidade-inclusao-no-mercado-de-trabalho.html>. Acesso em: 14 jan. 2022.

Y OTRAS COSITAS MÁS...

- No artigo "Racial Discrimination, John Henryism, and Depression Among African Americans" [Discriminação racial, John Henryism e depressão entre afro-americanos], publicado em 2015, os autores Darrell L. Hudson, Harold W. Neighbors, Arline T. Geronimus e James S. Jackson argumentam que afro-americanos com status socioeconômico mais elevado estão mais suscetíveis a doenças que comprometam a saúde mental, como estresse, por conta do árduo processo de mobilidade social exigido para garantir sua ascensão:

> É provável que muitos afro-americanos que possuem níveis mais elevados de status socioeconômico (SES) tenham tido que superar probabilidades substanciais para obter níveis mais elevados de educação e ganhar acesso a ocupações de maior prestígio e maior remuneração. [...]
>
> Afro-americanos com SES mais alto podem exercer grande pressão sobre si mesmos para ter sucesso, trabalhando arduamente como uma estratégia de enfrentamento para superar a discriminação racial mediada individualmente e estruturalmente.

Fonte: Hudson, D. L., Neighbors, H. W., Geronimus, A.T., Jackson J. S. "Racial Discrimination, John Henryism, and DepressionAmong African Americans". Disponível em: <https://www.ncbi.nlm.nih.gov/pmc/articles/PMC4903152/>. Acesso em: 14 jan. 2022.

Beleza é quilombo!

"Carregar conosco o poder da beleza negra é vida, força e revolução."

Durante minha infância e minha adolescência, um dos mais importantes "livros" que li não tinha folha, nem sequer capa. Ficava no fundo das galerias comerciais ou em becos e vielas de regiões periféricas da cidade. O título? *Salões de beleza para cabelos afro*. As autoras? Mulheres pretas que me deram a primeira noção de empreendedorismo da vida.

Espaços como o Afro Dai, a Vera do Méier, o Cidelles, a Casa da Madame Garcia, a Styllus V&V e o Lu Safro Estúdio, desde muito novinha, me ensinaram pedagogicamente a firmar o compromisso com a minha imagem e identidade raciais. Além disso, neles, pude ter as conversas mais íntimas e profundas sobre os atravessamentos da negritude feminina, que nem Freud (ou muito menos ele) poderia explicar, e tive o contato com grandes lideranças negras do país: artistas, autoridades políticas, médicas e empresárias, que tanto me mostraram que é possível chegar ao topo.

Hoje entendo perfeitamente o quanto essa vivência foi fundamental para que eu criasse importantes referenciais de pretas e pretos no poder, e o quanto isso influenciaria todo o curso da minha vida. Reconheço também que foi o pontapé inicial para que eu aceitasse a minha imagem, meus traços e para que fosse extremamente livre para entender que a moda é uma importante ferramenta de expressão e fortalecimento. Sim, os salões afro são as maiores experiências de "aquilombamento" que tive em minha vida.

No quesito autoestima, tanto na aceitação dos cabelos crespos como em outros traços negros herdados, a construção imagética que criei para mim me transforma de dentro para fora. Faz eu me sentir poderosa, confiante e acolhida, ainda que em espaços bem solitários. Quanto mais eu me aprofundo nesta busca, mais segura e mais imersa em mim mesma me sinto.

Falar de beleza é ressaltar um lugar no mundo em que somos liderança: desde a primeira milionária negra, Madam C. J. Walker, até suas sementes do mundo contemporâneo, como a brasileira Zica Assis e executivas do porte de Márcia Silveira e Helena Bertho. Somos Noite da Beleza Negra no Ilê Aiyê e somos intelectualidade, como a da doutora em história social Giovana Xavier, que documenta o nosso processo com a identidade racial em sua necessária obra *História social da beleza negra*. Somos linha e produtos (dos bons), como os da Negra Rosa. Somos medicina e cura, física e emocional, com, por exemplo, as dermatologistas Katleen Conceição e Monalisa Nunes.

Nunca foi "apenas" uma ida ao salão. É o encontro com o nosso afeto, e a importância de conseguir se enxergar no outro. Não é simplesmente sobre estar bonita: é também o resgate da nossa dignidade e integridade diariamente ceifadas diante de tantas microagressões. Carregar conosco o poder da beleza negra é vida, força e revolução.

CAIXA PRETA

Buscas por maquiagem e *skincare* para pele negra aumentaram 60% em relação ao crescimento médio desses produtos na categoria beleza e cuidados pessoais.

Google, 2021

Fonte: <https://www.meioemensagem.com.br/home/marketing/2021/01/12/o-que-as-negras-esperam-das-marcas-de-beleza.html>. Acesso em: 14 jan. 2022.

Y OTRAS COSITAS MÁS...

• O trabalho de Madam C. J. Walker com produtos de cabelo especializados para mulheres racializadas rendeu à empresária o posto de primeira milionária *self made* negra dos Estados Unidos. Sua trajetória pode ser acompanhada na série *A vida e a história de Madam C.J. Walker* na Netflix.

• Noite da Beleza Negra no Ilê Ayiê: atualmente é o principal concurso de beleza e exaltação da mulher negra no Brasil. A premiação elege a "Deusa do Ébano" (Rainha do Ilê), que leva para o público todo encanto e consciência do que é ser mulher negra e do que necessitamos para elevar nossa autoestima e senso crítico.

Bate cabelo,
bate cabeça!

"Ser crespa é um verdadeiro ato de amor e resistência."

Para toda a negritude, a relação com o cabelo sempre foi um capítulo à parte. Seja porque eles são crespos demais, seja porque a pessoa ficou refém de algum procedimento químico. Talvez porque passou pelo processo do *big chop* e se viu no desafio de encontrar a sua real beleza após décadas. Também pode ser por conta daquela primeira trança que a gente nunca esquece, afinal se ver linda e em paz com algum penteado ainda é um exercício. Também entram neste balaio entender a importância dos dreads e a quebra de tabus de mulheres que superaram os códigos da feminilidade padrão e rasparam a cabeça, além dos rapazes que se libertaram do estigma de que homens negros têm como estética única a máquina zero e deixaram crescer aquele black lindo e poderoso. Ah, vale lembrar que essas questões também se aplicam quando o cabelo é naturalmente liso!

No Brasil, o cabelo é um dos principais símbolos da nossa construção identitária; e todas as dores e delícias que passamos com ele refletem tanto individual quanto coletivamente a herança de um país miscigenado e que, durante muito tempo, teve sua autoestima sequestrada pelas inúmeras tentativas de embranquecimento ou de importação de culturas eurocêntricas e estadunidense como caminhos universais. Mas fica uma dúvida: a sociedade brasileira em geral se importa mesmo com a recuperação da autoestima da população negra a partir de sua imagem ou essa população é um mero produto de seu próprio processo de *empoderamento*?

Temos agora crespinhas conscientes, que não passarão pelo processo de nunca ter conhecido seu cabelo natural; diferente da nossa geração, cujo alisamento é um elemento comum na história de boa parte das mulheres negras. Essa é a nossa maior conquista.

Por outro lado, vejo uma "corrida do ouro" insana e insustentável pela busca do crespo ideal. Centenas de cronogramas capilares, um armário inteiro apenas para produtos de cabelo e renúncias de uma vida feliz que excluem a praia e a piscina. Tudo isso para não molhar o picumã ou deixar o *baby hair* na régua.

Ora, será que migramos da opressão do liso para a ditadura do crespo perfeito?

Lembro-me de há um tempo, quando um assessor comercial me perguntou que tipo de trabalho (ou aquilo que os jovens chamam de #publi) eu menos gostava de fazer, na lata me veio: cabelo. Se por um lado eu tive uma experiência superpositiva com uma marca que respeitou o meu desejo por praticidade e me ensinou a ter cuidados com o cabelo que levo para a vida, por outro, todas as outras marcas só queriam que eu empurrasse um lançamento ou uma prateleira de 1001 produtos para meninas que poderiam priorizar aquela grana para dar um *up* nos estudos ou na condição básica familiar. Sim, o cabelo para a mulher negra brasileira é recuperação da autoestima e da nossa ancestralidade. Mas não podemos cair na armadilha do padrão de beleza com que, por décadas, travamos uma longa batalha, só que agora com uma roupagem decolonial.

No meu cabelo carrego a coisa mais importante da minha vida: a liberdade. A liberdade de ser quem eu quero e de estar do jeito como eu quiser. Seja solto, de trança, com técnica protetiva, raspado e, até mesmo, alisado. Ninguém precisa dar satisfação do que faz ou deixa de fazer com as madeixas. Ele não é o único termômetro da nossa negritude.

Aceitação e autoestima são muito mais do que cronogramas, mil potes de creme e cachos perfeitos. Você não se reduz apenas ao picumã: sua construção passa pela sua formação, experiências e vivências. Por causa de um penteado você deixaria de viver momentos como um delicioso banho de mar? Isso seria um problemão!

Para ilustrar parte deste capítulo de nossa vida, fiz um resgate de dois textos: "Carta para um cabelo crespo", publicado em 2014 no extinto blog Girls With Style, que naquele momento viralizou, me conectando a milhares de pessoas pretas que viviam as dores solitárias do processo de aceitação de suas coroas; e o "Está na hora de discutirmos os preconceitos em torno do cabelo afro", escrito originalmente para a revista *Glamour* em 2018 e em que o próprio cabelo ganha voz e expressa sua opinião após quatro anos de evolução no debate racial.

Entenda que a nossa relação com o cabelo não precisa ser linear e constante. Ela é viva e nos acompanha nas nossas diversas transições. Mais importante do que regras ou apego, nossas escolhas capilares são a libertação, a celebração e a expressão de ser quem somos. Ame seu cabelo, mas sobretudo ame suas ideias, sua inteligência e você por inteiro! ;)

Carta para o meu cabelo crespo*

Olá, querido cabelo, tudo bem?

Resolvi te escrever após me recordar de um episódio um tanto constrangedor para mim e para você. Lembra de uma vez que estávamos no salão e, enquanto nossa cabeleireira atendia outra cliente, resolvi fazer as unhas? Isso faz tempo, foi em 2007. A manicure, que adorava bater um papo e tinha muitas opiniões sobre diversos assuntos que transitavam entre política, novela, futebol e celebridades, decidiu dar o seu pitaco sobre a minha presença no centro de beleza e, claro, ela não fez a menor questão de te poupar.

E em mais um "minuto de sabedoria" daquela senhora, saiu a seguinte declaração:

— Ainda bem que você está aqui para dar jeito no seu cabelo. Ele não é adequado para você. Você é muito bonita, e ele não te valoriza!

Te defender? Brigar? Dar uma lição de moral? A minha reação inicial foi de tamanha perplexidade que eu não consegui pensar em nada disso, somente me limitei em dizer que, adequado ou não, aquele era o meu cabelo e que não, eu não estava ali para me submeter a alguma química de alisamento.

A sorte é que tamanha insensibilidade da moça atingiu alguém que talvez tivesse um pouco mais de consciência do poder, imponência e respeito que você, crespo que é, tem e merece. Quantas vezes eu não ouvi relatos de meninas e mulheres que não conseguem se libertar de forma alguma dos alisantes, apliques e até mesmo das tranças?!

Eu mesma fui uma que durante muitos anos encarei o rastafári (também conhecido pelas contemporâneas como *box braids*) como um "estado natural" e só depois dos dezoito anos de idade é que consegui passear com uma certa tranquilidade por vários estilos, que incluem o black power naturalzão, o nagô, raspar suas laterais, as técnicas protetivas, as laces... Vejo que hoje em dia a transição do cabelo com química para o crespo tornou-se uma prática bastante comum e divulgada nas redes sociais.

Não é algo fácil, principalmente para mulheres que não cultivaram sua "crespisce" desde que nasceram, pois esse "ritual" de passagem em uma idade em que você já tem uma personalidade definida, já construiu uma imagem, mexe bastante com o nosso ego, nossos medos e inseguranças. É realmente um exercício de coragem, de bastante admiração e digo mais: de amor para/com você. Ser crespa não é modismo, é um ato político!

Bem-aventurados foram os pais da pequena Blue Ivy Carter que simplesmente balançaram os ombros para um abaixo-assinado, que pedia para que eles penteassem as madeixas de sua pequena, que naquele momento tinha apenas dois anos, sob alegação de que a filha do casal-astro Jay-Z e Beyoncé andava por aí com dreads e tochas de cabelos embaraçados.

Mal devem saber essas pessoas que essa é uma ferida que dói física e moralmente para as meninas, que desde tão novas são condicionadas a ver como feio, fora do padrão, "inapropriado", "ruim", entre outros termos mais ou menos grosseiros. No Brasil, ser crespo é uma ofensa e te rebatizam com nomes como "étnicos" ou "toin-oin-oin". Sem contar os inúmeros procedimentos pelos quais muitas vezes passamos para te deixar com um aspecto mais "sociável".

Ah, outra coisa que incomoda profundamente é a condição de algumas pessoas para você crescer e aparecer. "Ah, mas o seu cabelo ainda faz uns cachinhos", "Mas você viu o cabelo da fulana? Faz uns cachos maravilhosos! Aí, sim, fica bonito!", "Passa pelo menos um relaxante para soltar essa raiz dura". Muitas pessoas só gostam de você quando é o "crespo da propaganda", domado pelo *babyliss* e pelas pomadas. Você sabia que te consideram agressivo?

Assim como os lisos, existem vários tipos de crespo e não necessariamente é aquele cabelo enrolado que todos querem imitar, mas caso não seja, ainda assim temos total condição de deixá-los belíssimos, sem precisar escondê-los ou recorrer a métodos que modificam totalmente a sua estrutura. Nem eu nem você precisamos passar por isso.

Bom, hoje fico por aqui. É óbvio que eu sei que tudo que tem um pouco mais de personalidade tem às vezes seus dias temperamentais, difíceis e que é necessário um pouco mais de paciência. Mas quero que saiba que não tenho absolutamente nada contra você. Pelo contrário! Te valorizo, te respeito, tenho orgulho e gosto de você assim, bem do jeito que você é. Você pode tudo!

Beijos afetuosos,
Luiza

* Publicado inicialmente com o título "Carta para um cabelo negro" no Girls With Style, depois no Chá de Autoestima (@chadeautoestima), em 21 de julho de 2014. Disponível em: ‹https://chadeautoestima.com/carta-para-um-cabelo-crespo/›. Acesso em: 14 jan. 2022.

Carta de um cabelo crespo*

Olá, tudo bem?

Quem fala por aqui é o Cabelo Crespo da Luiza. Muita coisa mudou para mim nos últimos tempos, sabe? Agora eu tenho vida própria, voz, ocupo mais espaços e ganhei a simpatia das pessoas — ainda que nem todas entendam a minha existência no mundo.

Sim, a internet colaborou muito com esse processo de aceitação tanto da minha dona como de suas semelhantes, que entenderam o poder dos seus fios naturais com a ajuda de blogueiras, youtubers e da mídia que aos poucos desconstrói o terrível mito do que seria um "cabelo bom", parando de nos esconder por trás do "liso ideal" da chapinha ou dos "cachos perfeitos" com *babyliss*. Mas, apesar de uma série de conquistas, ainda sofremos com o racismo. Seja no reality show, quando um participante me correlaciona às madeixas do primitivo homem das cavernas, seja na publicidade, quando relança uma palha de aço de nome Krespinha e só a retira do portfólio por conta das denúncias nas redes sociais, ou, ainda, no mercado de trabalho, quando eu não me encaixo na "boa aparência". É tudo velado, minhes amigues!

Sei que sou versátil, abraço mil possibilidades de penteados e técnicas capilares e não preciso mais encarar o alisamento como a única forma de ser adequado. Mas se tem uma coisa que deixa a minha dona bem irritada é quando terceiros acham que podem dar aquele pitaco sem noção sobre o que ela deve ou não deixar de fazer com o seu picumã. "Use ele todo colorido"; "Faz trança, você fica ótima"; "Por que não o deixa solto, está na moda"; "Mas você está com o cabelo natural? Ficava tão melhor daquele outro jeito...".

É claro que elogios, críticas e sugestões são bem-vindos, mas desde que sejam previamente solicitados. Vocês precisam entender que a relação da mulher negra com escolhas envolvendo seu cabelo é algo recente. Na maioria dos casos, elas cresceram sem nos aceitar por conta de uma sociedade que, por muitos séculos, não nos via como bonitos. Se olhar no espelho e se descobrir bonita é um processo de aceitação que começa com a dor, migra para a adaptação, subverte a superação, até chegar na recuperação da autoestima que em muitas vezes é abalada pelo drástico *big chop*. Para tudo isso, é importante a gentileza e o acolhimento – de si mesma, da família, dos amigos e da pessoa amada.

Ok, sou lindo, impecável, quase uma obra de arte. Portanto, não me toque se não tiver a autorização dessa que me porta. Esse acesso sem permissão tem muito a ver com a história de um país que, durante muito tempo, achou que tinha plenos direitos sobre o corpo negro em virtude da escravização. Hoje em dia, o que era banal virou o que sempre deveria ser: algo invasivo e indelicado.

Bom, chega de desabafos! Acho que agora você já conseguiu entender que o cabelo afro é lindo e precisa ser livre. Chega de pensar que ele só é esteticamente aceitável se tiver os cachos definidos. Tenha empatia e delicadeza com as inseguranças de quem vive o momento de transição capilar e dê incentivo. Apoie as mudanças e as transformações realizadas por quem viveu a ditadura dos alisantes durante anos. E atenção: lembre-se de que tudo isso são escolhas, e não imposições. Ser crespa é um verdadeiro ato de amor e resistência.

Beijos carinhosos,
Cabelo Crespo da Luiza

---

* Publicado em versão original na revista *Glamour*, em 2 de abril de 2018. Disponível em: ‹https://revistaglamour.globo.com/Lifestyle/Luiza-Brasil/noticia/2018/04/esta-na-hora-de-discutirmos-os-preconceitos-em-torno-do-cabelo-afro.html›. Acesso em: 14 jan. 2022.

CAIXA PRETA

70% dos brasileiros têm cabelos naturalmente crespos.

Instituto Beleza Natural e Universidade de Brasília
(UnB), 2020

Pesquisas relacionadas a "como passar pela transição capilar" aumentaram 130% durante os últimos doze meses até setembro de 2021.

Google Trends, 2021

Cresceu em 309% o interesse por cabelos afro em buscas do Google durante o período entre 2016 e 2017.

Google BrandLab, 2017

Em 2020, o mercado brasileiro de hair care superou os 23 bilhões de reais.

Euromonitor Internacional, 2021

Fontes: <https://unicrio.org.br/uso-do-cabelo-afro-e-ato-politico-dizem-blogueiras-e-especialistas-em-beleza/>; <http://edicaodobrasil.com.br/2019/11/14/aceitacao-dos-cabelos-crespos-e-cacheados-ajuda-combater-racismo-no-brasil/>; <https://www.correiobraziliense.com.br/app/noticia/cidades/2020/03/16/interna_cidadesdf,834488/orgulho-de-ser-afro-transicao-capilar-e-forma-de-autoestima-negra.shtml>; <https://cosmeticinnovation.com.br/mercado-brasileiro-de-hair-care-supera-os-r-23-bilhoes-em-2020/>. Acessos em: 14 jan. 2022.

Empoderada, eu?

"Não precisamos ser ainda mais fortes, precisamos de apoio psicológico e gentileza."

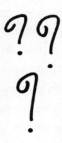

"É preciso endurecer, mas sem jamais perder a ternura." Cresci ouvindo a suposta frase de Che Guevara graças à Leci Brasil, mulher negra, pedagoga e minha mãe. É, Lecizinha, carregar esse lema ao longo da minha trajetória tem me ajudado bastante a construir quem eu sou. Porém, quando falamos de mulheres negras, principalmente as da minha geração, criamos um incansável radar que vai além do "é preciso estar atenta e forte", necessitamos também ser *empoderadas*. O resultado disso? Estamos exaustas e com danos seríssimos por vestir as injustas armaduras da vida.

Quando falo sobre um mundo ainda muito desigual para nós, não é só achismo meu, tá? Estudamos e trabalhamos cada vez mais, porém chegamos a ganhar MENOS QUE A METADE de um homem branco! No audiovisual também temos um panorama alarmante de desigualdade de oportunidades, afinal, ainda somos invisibilizadas, já que quase não assinamos nas fichas técnicas enquanto diretoras e/ ou roteiristas. E tem mais: somos maioria entre os óbitos por complicações na gravidez, o que revela uma grande desigualdade de acesso à assistência médica. Sem esquecermos, claro, os índices alarmantes de violência doméstica e feminicídio, dos quais infelizmente também somos maioria.

Somos cercadas por inúmeras violências físicas e emocionais. Do atendimento médico que nos negligencia mesmo quando pagamos os melhores planos de saúde, os olhares tortos ao adentrarmos espaços de poder, da má vontade das pessoas em nos servir e até a descrença de muitos quando nos veem em lugares de luxo: "Ah, tá sendo bancada pelo marido!"; ou a clássica: "Será que é p#t@?".

Relacionamentos? Quem são? Onde vivem? Como se alimentam? Muitas vezes não somos compreendidas pelo fato de nos dedicarmos tanto aos nossos projetos e trabalhos. E aí o que era para ser flores, acolhimento e afetividade vira campo de competição e de insegurança — principalmente em relações heteronormativas.

Somos encaradas como exceção, o que não é motivo para orgulho: nos questionam a todo momento sobre a nossa capacidade e detonam a nossa autoestima, como se não merecêssemos as nossas conquistas. Que empoderamento é esse que nos ensina a cuidar dos nossos cachos, fazer um bom close, mas não sustenta nos ver felizes e satisfeitas nos mais diversos campos de nossa vida?

Jamais nos esqueçamos da nossa história: o matriarcado africano é antagônico ao patriarcado europeu, e sempre fomos fortaleza e resistência, desde as nossas ancestrais. Nossa geração tem feito com que a luta por representatividade, equidade e pertencimento capitaneadas por mulheres negras como Dandara, Angela Davis, Lélia Gonzalez, Elza Soares, Marielle Franco, Maya Angelou, entre muitas outras, não morra na praia. Não precisamos ser ainda mais fortes, precisamos de apoio psicológico e gentileza. Permitir a autocompaixão e a leveza com nós mesmas.

E quando falo para pessoas não negras que "gentileza" vai para além dos bons modos e da boa educação é: contribuir para a transformação do povo negro, que, consequentemente, será a de todos. Questione a representatividade do seu cotidiano seja ela no ambiente profissional, na roda de amigos, seja nos hábitos sociais. Você já leu Djamila Ribeiro, Chimamanda Ngozi Adichie e Carolina Maria de Jesus? Já prestigiou o conhecimento de intelectuais negras como Joice Berth, Giovana Xavier e Maria Clara Araújo? Conferiu as produções audiovisuais de cineastas como Sabrina Fidalgo e Yasmin Thayná? Foi surpreendida pela complexidade dos processos artísticos de talentos multidisciplinares com Igi Ayedun, Ventura Profana e Zezé Motta? Ou ainda se fascinou com o refinado olhar estético da arquiteta Stephanie Ribeiro? E o brilhantismo da ginasta Rebeca Andrade dentro e fora das competições, você tem prestigiado?

Valorize a importância de mulheres como Benedita da Silva, Erica Malunguinho, Erika Hilton e Talíria Petrone no espaço político. Descentralize suas referências. Entenda a representatividade como um rico meio de troca de informação e de conhecimento para evoluirmos enquanto sociedade. Somos guerreiras, mas não queremos passar para as próximas gerações o bastão de meras sobreviventes. Precisam existir caminhos seguros e tranquilos ainda nesta vida.

Aprendi com *Na minha pele*, livro de Lázaro Ramos, que, mais do que viver uma vida inteira de resistência, posso desejar para mim e minhas irmãs negras que tenhamos uma trajetória de plenitude e de poder. Afinal, se humanizar é preciso!

CAIXA PRETA

250 candidatas negras disputaram vaga na Câmara Municipal de São Paulo em 2020. Quatro foram eleitas.

Agora, 2020

Fonte: <https://www.google.com.br/amp/s/agora.folha.uol.com.br/amp/sao-paulo/2020/11/numero-de-candidatas-negras-ao-cargo-de-vereadora-dobra-em-sao-paulo.shtml>. Acesso em: 14 jan. 2022.

Y OTRAS COSITAS MÁS...

- Segundo dados da Pesquisa Nacional por Amostra de Domicílios (Pnad) realizada em 2019, mulheres negras recebem 43% dos salários dos homens brancos.
- De acordo com o estudo Diversidade de Gênero e Raça nos Lançamentos Brasileiros de 2016, realizado pela Agência Nacional de Cinema (Ancine) e divulgado pela Agência Brasil, dos 142 longas-metragens lançados naquele mesmo ano, 75,4% dos diretores são homens brancos; e 19,7%, mulheres brancas. Os homens negros dirigiram 2,1%; e as mulheres negras não assinaram a direção de nenhum dos 142 filmes.
- Em relatório do Ministério da Saúde divulgado em 2017 pela Universidade Federal de Minas Gerais (UFMG), 63% dos óbitos por complicações na gravidez são de mulheres negras.

Não basta ser mulher...

"Entender e desconstruir o lugar único do que é belo assegura a nossa pluralidade e pertencimento."

Perguntinha direta: você se acha bonita? O que te faz enxergar a beleza nas pessoas que você enaltece? Ah, não vale dizer "a alma" ou "a beleza interior". O meu convite é para que olhe, sem pudor, para o lado estético, para o seu tesão (sem hipersexualização). Como descreveria fisicamente aquela pessoa que faz você dizer: "UAU!"?.

Se você é uma mulher preta, como eu, talvez já tenha entreouvido por aí algo como: "Você é linda, legal, inteligente, mas não faz meu tipo" ou "Não curto tanto mulheres negras". É meio insano, mas mesmo fazendo todos os requisitos do combo bonita de pele, alma, jobs e sucesso você nunca se sente compatível com ninguém. Devo dizer uma coisa: o lugar idealizado do que é a beleza, baseado em proporção áurea, medida criada na Grécia Antiga e perpetuada até os dias de hoje, é um dos pontos determinantes do nosso preterimento. Mas, calma, antes de tudo, você não está sozinha.

É importante lembrar que a beleza é uma construção social e, como muito bem declara a escritora existencialista Simone de Beauvoir, a expectativa do belo para as mulheres parte de um olhar masculino — e, sobretudo, do homem branco. A prova disso está nos museus. Ao longo do tempo, conseguimos acompanhar uma série de transformações estéticas em mulheres retratadas por diversos pintores famosos. Mas, diante de tantas mudanças, quantas eram de mulheres negras? Seja pela história ou por ciclos sociais, sempre fomos invisibilizadas. E falo isso da perspectiva da mulher cis! Não posso imaginar o que é a constante solidão das nossas amigas trans, mas posso empatizar e trazer para esta reflexão como um recorte importantíssimo...

Entre "simetrias perfeitas", baseadas em cálculos eurocêntricos, até "cabelos normais" no xampu, incluindo a divisão de um mundo em que o que é classificado como não branco torna-se exótico, tudo isso reforça e perpetua os nossos gostos. Consequentemente, esse indicador aponta para outras disparidades: basta você revisitar o seu repertório de filmes, novelas adolescentes ou revistas de conteúdo jovem para ver o quão subjugado é o nosso lugar de mulher negra.

Sabemos o quanto a sociedade é cruel ao taxar de "frívolas" essas feridas do colonialismo. Mas vamos aceitar mesmo pagar o preço caríssimo para ter essa "alforria" estética e sermos contempladas com a afetividade e o sucesso em nossas carreiras?

Como diria Ana Maria Braga, "acorda, menina"! Levante-se desse sofá, passe um bom batom, vista o seu melhor sorriso e ouça "Miss beleza universal", de Doralyce, no último volume! Posso te garantir: é terapêutico.

Para relaxar a tensão — se é que a densidade do assunto me permite a leveza —, principalmente no campo do entretenimento e da informação, tem sido uma cura consumir mais do que algo que me empodere esteticamente: busco vivências identitárias nas quais me enxergo. É um bálsamo ter encontrado a série *Insecure*, ler Grada Kilomba e poder mostrar para meninas e adolescentes negras que mulheres como Zozibini Tunzi já vestiu a faixa de Miss Universo e que mulheres retintas como Lupita Nyong'o, Liniker e Iza são referenciais de beleza e talento no Brasil e no mundo. A consciência corporal e a elegância da Lizzo são preciosas. Coisa linda é ver Majur e Urias como grandes ícones da moda do nosso tempo. Ver Ingrid Silva com sua sapatilha e o seu cabelo crespo revolucionando o nosso mundo também faz o coração palpitar por aqui.

Mais do que a afirmação de que a beleza é fundamental, entender e desconstruir o lugar único do que é belo assegura a nossa pluralidade e pertencimento. Afinal, como diz Grada: "Não sou discriminada porque sou diferente, me torno diferente através da discriminação".

CAIXA PRETA

Mulheres negras são maioria nas universidades públicas, sendo 27% dos estudantes.

Unicamp e Faculdade Latino-Americana de Ciências Sociais (Flacso), 2021

Fonte: <https://cultura.uol.com.br/noticias/35440_levantamento-mostra-que-mulheres-negras-sao-maioria-nas-universidades-publicas-brasileiras. html >. Acesso em: 14 jan. 2022.

Amor: um defeito de cor?

"Que exista muito autoamor e autocuidado para recomeçar."

Era uma vez uma rainha negra contemporânea. Estudada, culta, trabalhadora e linda. Carregava consigo atributos como segurança, inteligência, bom humor e autoestima. Orgulho da família, querida entre os amigos e destaque em sua profissão. Agora, a pergunta que não quer calar: e nos relacionamentos? Ao lado de um mulherão desses, bicho, só pode estar a-que-le príncipe ou outra princesona encantada.

Respira, pausa dramática, muita calma nessa hora e senta que lá vem história... Se esse conto de fato existisse, sem dúvidas se chamaria "Solidão da mulher negra". E devo alertar: essa é uma pauta que nos atravessa em muitos momentos da vida. Se ser uma mulher livre, interessante, bem-sucedida e dona do próprio destino ainda é um tabu para a sociedade, para nós, pretas, esse lugar é quase que naturalizado e condicionado.

Quantas de nós não sofremos com a hipersexualização? Seja do gringo, que nos enxerga como a "mulata" do samba; seja do homem branco, que nos entende como "a mulher para transar, mas não para casar". E nem pense que somos poupadas quando nos envolvemos com parceiros negros! É comum sermos preteridas, e a prova disso vemos na revista de fofoca e nos sites de celebridades: quando eles atingem um status ou uma posição de destaque, em grande parte dos casos, somos substituídas pelas não negras (não estamos falando de competição entre mulheres, ok?!). E nas relações homoafetivas? Esse interesse de nós por nós mesmas ainda não é um sentimento que fomos estimuladas a viver — é algo que se correlaciona demais com a nossa imagem, sempre atrelada e reduzida a servir aos desejos sexuais masculinos.

Se você ainda é da turma que acredita que o "amor não vê cor", me desculpe, mas ele vê sim. E isso é histórico! A teórica e ativista social norte-americana bell hooks retrata nossa realidade em torno do afeto com muita propriedade e há tempos alerta sobre quão problemática é a nossa vivência quando falamos desse preterimento. No artigo "Vivendo de amor", hooks diz:

> Nossas dificuldades coletivas com a arte e o ato de amar começaram a partir do contexto escravocrata. Isso não deveria nos surpreender, já que nossos ancestrais testemunharam seus filhos sendo vendidos; seus amantes, companheiros, amigos apanhando sem razão. Pessoas que viveram em extrema pobreza e foram obrigadas a se separar de suas famílias e saído desse contexto entendendo essa coisa que a gente chama de amor. Elas sabiam, por experiência própria, que na condição de escravas seria difícil experimentar ou manter uma relação de amor.

Fica evidente, então, porque somos figuras em baixa no mercado matrimonial, o nosso número de *matches* ser drasticamente menor se comparado ao de nossas amigas brancas nos aplicativos de paquera; e nos permitirmos menos estar em configurações de relacionamentos modernos como o poliamor e o trisal, pois sempre somos a ponta mais vulnerável. Ao longo da nossa vida, nos acostumamos a ver mulheres como nossas mães, tias e avós criando seus filhos sozinhas ou, ainda, se sujeitando a relacionamentos abusivos.

Se, por um lado, o tempo sempre nos apontou que afetividade era um artigo de luxo; por outro, nossa capacidade de reinvenção e transformação nos indica que a cura dessa nossa tensão está no resgate do amor-próprio. E a melhor terapia para isso? Massagear o ego sem culpas! Se permitir o amor de quem vier, de quem a gente quiser! Paremos de alimentar o medo do julgamento pela "palmitagem". O amor afrocentrado ainda não é a resposta absoluta para tantas cicatrizes e solidão. Permita-se receber o amor de corpo, alma e coração.

Travamos uma árdua batalha para que a nossa beleza não seja mais encarada como exótica. Nas mídias, temos conquistado cada vez mais o papel de protagonistas, culpa do nosso incansável esforço de nos vermos melhores representadas e pertencentes aos espaços. Não somos mais "só corpo, sem mente", como nas palavras de bell. Que exista muito autoamor e autocuidado para recomeçar. Ah, e nunca se esqueça: você é linda e não está sozinha!

CAIXA PRETA

Mulheres pretas são as que menos se casam. Apenas 7% da população.

Censo (IBGE), 2010

Fonte: <https://memoria.ebc.com.br/2012/10/pesquisa-mostra-qué-raca-e-fator-predominante-na-escolha-de-parceiros-conjugais>. Acesso em: 14 jan. 2022.

Somos todos antirracistas?

"A indignação sem ação é mostrar-se conivente."

"Numa sociedade racista, não basta ser não racista, é necessário ser antirracista." Provavelmente você já leu essa citação da filósofa e ativista Angela Davis nas redes sociais ou a viu em algumas das manifestações ao redor do país. Se o racismo é um conjunto de crenças que estabelece uma hierarquia de raças, desumaniza e tira a dignidade de um grupo social por causa de características físicas e culturais, o antirracismo chega como uma importante ideologia política de oposição a esse sistema, atuando de forma prática. E você? O que tem feito em torno do debate racial?

Tem "até" amigos negros? Trata a sua empregada doméstica como se fosse um parente? Fica apenas indignado quando presencia alguma situação de preconceito?

Ops, isso não é ser antirracista!

Vivemos em um país que ainda enxerga o período colonial de forma glamourosa: por muito tempo, trajes de orixás foram amplamente usados como fantasias de carnaval, muitas famílias atribuíam às suas profissionais domésticas nomes como "mãe preta" e reproduziam expressões "como se fosse da família", para amenizar explorações e subverter as leis trabalhistas dessas

CAIXA PRETA   51

trabalhadoras. Além disso, estabelecimentos de alimentos e bebidas foram batizados de "Senzala" ou de "Casa Grande", sem pensar na dor e nos traumas que tudo isso ocasiona em uma parte da população que, descendente dos antigos escravizados, hoje vivencia diversas formas de exploração.

Se falamos em abismos sociais e desigualdade de acesso entre brancos e pretos, isso não é devido ao acaso ou a pouco esforço. É a falta de reparação histórica que respinga em vários setores da sociedade, que sempre nos invisibilizam e excluem com uma naturalidade inquestionável.

Tiro tal conclusão por mim mesma, dentro do ambiente da moda nacional: mesmo com cerca de quinze anos de carreira, cobrindo *fashion weeks*, atuando com pesquisas, em contato com marcas e assessorias de todos os portes — ou seja, muito bem inserida dentro do mercado —, para o meu trabalho e a minha imagem ganharem reconhecimento e validação minimamente merecidas, precisei exigir de mim mesma uma carga mental sobre-humana e um altíssimo investimento em estudo e ocupação de espaços (na maioria das vezes tentam nos expelir a qualquer custo), tudo isso ainda tendo de argumentar o valor financeiro do que eu produzo. Enquanto isso, vi pessoas não racializadas em uma régua medíocre de competência emergirem a importantes cargos fazendo bem menos, em um curto espaço de tempo — e ganhando muito mais. É impossível não ver a cor, a classe e a geolocalização do poder sem se questionar.

Ser antirracista, antes de tudo, é reconhecer privilégios. Ok, respira fundo e me escuta: isso não é necessariamente sobre renunciar ao que se tem, mas aproveitar os fatores "poder + lugar de fala", tensionando algumas estruturas sociais. Para você, tudo bem ainda frequentar um restaurante em que só existem negros no lugar de serventia? E estar em um ambiente de trabalho em que não existe nenhum preto em cargo de liderança? O que faz quando toma conhecimento de alguma marca ou empresa envolvida em escândalos racistas? A indignação sem ação é mostrar-se conivente. Não compactuar abrange não consumir, literalmente, essas ideias.

É importante frisar que isso não é uma batalha de negros contra brancos. Ser preto é, sem dúvidas, seguir na luta e na resistência diária para a conquista da equidade e do pertencimento. Ser branco é saber que sua voz e sua escuta são aliadas. É não se omitir diante das injustiças. É ser empático, proativo e não apenas benfeitor ou *white savior*. Afinal, não estamos aqui à espera de caridade: o que queremos é autonomia, respeito e condições honestas de igualdade para trilharmos nossas trajetórias. Só a partir do momento em que garantirmos a proporcionalidade dos espaços para a parte da população brasileira que se declara negra é que conseguiremos reconstruir as narrativas sociais e históricas do nosso país. E de uma coisa eu tenho certeza: tudo isso é muito bom para mim, mas ser esse agente de transformação também vai ser gostoso e libertador demais para você.

CAIXA PRETA

No Brasil, 84% da população reconhece o racismo do país, mas apenas 4% das pessoas se consideram racistas.

Instituto Locomotiva, 2021

Fonte: <https://exame.com/negocios/no-brasil-84-percebe-racismo-mas-apenas-4-se-considera-preconceituoso/>. Acesso em: 14 jan. 2022.

Preta Patrícia entrou no chat!

"'Preta Patrícia' vai para além de roupas de marca, restaurantes caros e hotéis cinco estrelas: é a possibilidade de me estruturar para que eu consiga criar espaços seguros e de acolhimento não só para mim, mas também para a minha comunidade."

A esta altura do campeonato, você já deve estar cansade de saber: sou uma "Preta Patrícia". Ok, ser considerada "patricinha" no mundo atual pode ser antiquado ou cafona — também acho! Mas esse jogo vira (e muito) quando se é uma mulher negra, principalmente no Brasil, um lugar de acessos e oportunidades tão desiguais.

Estudei nas melhores faculdades, fiz intercâmbio, tenho carro bacana na garagem, coleciono labels no closet, ótimas experiências de viagem para contar, dinheiro aplicado e oportunidades de trabalho que muito me orgulham. Tem gente que pensa: "Essa daí nunca deve ter sofrido com o racismo na vida". Engana-se. Saber que tudo isso que mencionei parte com naturalidade da boca de uma mulher negra ainda é uma afronta para a sociedade. Soa como ofensa, acredita? Pessoas como eu, Beyoncé, Taís Araújo, Magá Moura, Majur, Djamila Ribeiro, Monique Evelle, entre tantas outras, ainda são penalizadas e culpabilizadas quando nos permitimos ter joias, um lar confortável e posses que são o fruto do nosso árduo trabalho.

CAIXA PRETA 55

Mas sabe o que é isso? Falta de diálogo e de compromisso com a verdade por parte da sociedade brasileira. Isso tudo para não dizer hipocrisia. Lidam com as questões raciais (principalmente a escravização dos negros africanos) como se fosse uma ferida exposta, sem tratamento. Fomos o último país do mundo a abolir a escravização e, mesmo após o termos feito, não tivemos políticas públicas que garantissem aos nossos antepassados condições básicas de sobrevivência. O resultado: uma cicatriz dolorosa, que deu queloide e reflete em vários traços da nossa construção social, como a desigualdade e a marginalização. Eu, no auge do meu sucesso pessoal e profissional, ainda sofro com essa falta de reparação. Sem dúvidas, você também.

É insano o lugar dos negros nos locais de privilégio por onde eu circulo. E, quando pensamos no racismo estrutural, que se mascara nas sutilezas do dia a dia, nem precisamos de números: os exemplos já falam por si só. Estar nas melhores faculdades e ter a oportunidade de estudar na gringa me deu base e competência, mas nunca os melhores salários e a tranquilidade do meu sucesso profissional. Sempre tive de fazer um esforço descomunal para ser validada nos espaços enquanto existiam pessoas que executavam muito menos por bem mais — digo em termos de grana e de reconhecimento. Sempre fui alvo certo da vistoria especial no aeroporto, muito diferente das minhas amigas não negras. Dentro do meu círculo social é cada vez mais difícil construir relações afetivas. Entre as alegações? "É gente boa, estilosa e cheia de atitude, mas o perfil dela não faz muito o meu tipo." Nos clubes que frequentei, a coisa mais normal é eu ser a única preta desfrutando da piscina. As outras são as babás trajando seus uniformes brancos. Chegar de carro em alguns locais é lidar com a pergunta: "É motorista de aplicativo?".

Muita gente prefere acreditar que essa realidade não existe. E, como consolo, acham saudável se escorar no discurso da meritocracia como forma de vangloriar todos os meus êxitos e superações. Não me orgulho de ter vivido em lugares, por muitas vezes, solitários ao longo desta minha jornada. Posso ter me desenvolvido em cada um desses espaços pelos quais passei, mas a evolução é muito mais confortável quando avançamos e nos encontramos com mais pessoas que compartilham do nosso legado.

A minha perspectiva de "Preta Patrícia" vai para além de roupas de marca, restaurantes caros e hotéis cinco estrelas: é a possibilidade de me estruturar para que eu consiga criar espaços seguros e de acolhimento não só para mim, mas também para a minha comunidade; é sobre me manter financeiramente para sair das amarras da precarização e da romantização do "corre" enquanto lugar único; é sobre transformar acessos individuais em possibilidades coletivas. Não estamos meramente reproduzindo a lógica burguesa que nos trouxe até aqui, mas sim criando meios mais justos e responsáveis para descentralizar a supremacia branca que existe nos locais de privilégio.

Não vou existir só resistindo. Ao longo desta caminhada tem muito mato alto que precisa ser desbravado por nós para as gerações futuras. Além disso, precisamos criar cada vez mais sombra, montar esteira e ter uma reserva de água fresca para honrar todo o terreno arado pelas nossas ancestrais. E como disse Audre Lorde, "não é nossa diferença que nos divide; é nossa incapacidade de reconhecer, aceitar e celebrar essas diferenças". Ser "Preta Patrícia" é quebra de paradigma, ato de amor-próprio, coragem e liberdade!

CAIXA PRETA

Mulheres negras estão em apenas 0,4% dos cargos de direção e em 1,6% dos postos de gerência.

Instituto Ethos e Banco Interamericano de Desenvolvimento, 2017

Fonte: <https://oglobo.globo.com/economia/emprego/barreiras-da-discriminacao-impedem-ascensao-dos-negros-no-mercado-21645834>. Acesso em: 14 jan. 2022.

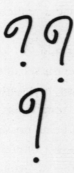

Descansa, militante!

"Estamos no processo de rever nossos conceitos em torno da compaixão e do nosso bem-estar."

Posso te dizer que somos de uma geração que já passou por altas emoções. No auge da juventude ou da vida adulta, enfrentamos a ferro e fogo a dura e trágica realidade da pandemia de covid-19, a crise sanitária, econômica e política orquestradas pela sinfonia atravessada de um desgoverno. Também tivemos o desprazer do retrocesso de conversas de grande relevância no que tange desde algumas liberdades individuais até a tentativa de sucateamento de importantes engrenagens, como a educação e a cultura do país.

"Eu sei que você sabe, que eu sei que você sabe que é difícil de dizer" (Alô, Marisa Monte!), mas neste texto não quero falar de absolutamente nenhum desses assuntos, e sim de férias, diversão, carinho e amor! Estranho? Vem, que no caminho eu te conto!

Diante de tempos tão desafiadores, em que pautas raciais e de gênero sofrem graves desmontes, ter a sensação de que cruzar a linha de chegada tornou-se ainda mais distante e com alguns obstáculos extras é enlouquecedor. Porém foi fundamental descobrir o valor das amenidades na minha vida.

CAIXA PRETA 61

Ei, isso não é sobre ser fútil ou alienada, ok?! Mas sobre a importância do autocuidado, do acolhimento e da autocompaixão. Devemos entender que precisamos manter a sanidade para continuarmos nossas jornadas e de muito afeto para seguirmos sendo as fortalezas que já somos.

Com o tempo, passei a valorizar a importância de tirar uns dias de folga e viajar com os amigos; da cerveja ou do drinque gelado sem pressa; daquela série boba no *streaming* que só serve para dar risada; de se permitir fazer rituais de beleza sem nenhuma obrigação. Ter tempo para o que se gosta é fundamental e não deve ser instrumento de culpa. Independentemente das bandeiras que escolhemos levantar, precisamos entender que nossa vida não precisa se resumir somente à militância. Militar muitas vezes é simplesmente manter a sanidade e o sorriso.

E posso dizer que aprendi isso com a melhor: Djamila Ribeiro. Durante uma entrevista que concedi à filósofa e escritora para as suas redes, a sua última pergunta foi: "O que você gosta de fazer?". Poder responder sem culpa que amo dançar, saborear boas comidas e viajar com conforto foi para além de revelador, um aprendizado para o resgate da minha humanidade!

Nós, mulheres negras, por muitos anos encaramos como artigo de luxo fazer terapias, cuidar da espiritualidade e nos aventurarmos em práticas como pilates e ioga. Pois, além do fato de que sempre carregamos nas costas a responsabilidade de levar o nosso mundo e o dos outros, existe uma barreira para adentrarmos nesses espaços que não é necessariamente financeira, mas social. No momento em que Angela Davis diz "quando uma mulher negra se movimenta ela move todas as estruturas de uma sociedade", olharmos para nós mesmas e praticarmos o autoamor é uma resposta. Estamos no processo de rever nossos conceitos em torno da compaixão e do nosso bem-estar.

Sigo firme e forte com o pensamento da escritora americana feminista bell hooks: "No momento em que escolhemos amar, começamos a nos mover em direção à liberdade, a agir de formas que libertam a nós e aos outros". Com licença, vou ali me amar e já volto!

CAIXA PRETA

Mulheres negras foram as principais profissionais de saúde na linha de frente do combate à covid-19. Nesse grupo, são em geral técnicas de enfermagem ou agentes comunitárias de saúde que estiveram mais expostas ao risco do contágio, receberam menos treinamento e equipamentos de proteção, sendo as mais afetadas física e emocionalmente:

84% sentiu medo;
28% desconfiança;
53% tristeza;
59% sensação de despreparo em relação a mulheres brancas, homens brancos e negros.

Núcleo de Estudos da Burocracia (NEB) da Escola de Administração de Empresas de São Paulo da Fundação Getulio Vargas (FGV EAESP), 2020

Fonte: Site Gender&Covid-19 <genderandcovid-19.org>. Acesso em: 14 jan. 2022.

É nosso, é sagrado!

"Temos influência sociocultural do candomblé e
da umbanda nas mais populares vertentes musicais,
nos hábitos e na alimentação do país."

Fui criada no catolicismo, com primeira comunhão e tudo. Na adolescência, porém, não me conectei mais com essa religião. Os motivos? Falta de sinergia com a forma polarizada de entender sagrado e profano, o "bem" e o "mal", a ausência de identificação com símbolos e ritos mais tradicionais, além da dinâmica das missas, com formato pouco cativante para as necessidades dos mais jovens. Sei que existem espaços que modernizaram esse ambiente, mas a chave desligou por aqui.

Hoje, acredito na fé, nas forças superiores e no poder da energia para mover o mundo. As minhas buscas incluem o xamanismo, o candomblé e a Igreja Anglicana. Ainda não finquei raízes em nenhum lugar, mas não sinto culpa. E, quando falo isso, não quero atropelar as responsabilidades de qualquer acordo religioso. Valorizo o comprometimento. Mas, ao refletir sobre devoção pelo viés dos cultos dos povos originários e dos afrodescendentes, toco em algo maior que uma instituição: a ancestralidade.

É arrepiante o som dos atabaques e o estudo mitológico das entidades, que apresentam características humanas de qualidades e de defeitos. A celebração que, mesmo em rituais abundantes, tem a generosidade dos pés no chão e do diálogo acessível. Enalteço, celebro, respeito e honro o que as religiões de matriz africana me fazem sentir enquanto resgate.

Infelizmente, não podemos apenas romantizar toda a beleza e relevância cultural que habita nesse sagrado. No Brasil, o número de denúncias de casos de intolerância religiosa não para de aumentar, sendo ainda bastante expressivos os casos de terreiros depredados ou de praticantes agredidos.

A naturalização do discurso de ódio, a omissão do Estado e a demonização das religiões de matriz africana formam mais uma sequela da "história que a História não mostra". Para evitar o silenciamento, temos nomes como o professor e babalorixá Sidnei Nogueira. Em seu necessário livro *Intolerância religiosa*, da coleção Feminismos Plurais, ele aborda os caminhos que levam a comportamentos tão intolerantes quando falamos de fé. Afirma:

> O racismo religioso quer matar existência, eliminar crenças, apagar memórias, silenciar origens. É a existência dessas epistemologias culturais pretas que reafirmam a existência de corpos e memórias pretas [...]. Aceitar a crença do outro, a cultura e o episteme de quem a sociedade branca escravizou é assumir o erro e reconhecer a humanidade daquele que esta mesma sociedade desumanizou e matou.

Temos influência sociocultural do candomblé e da umbanda nas mais populares vertentes musicais, nos hábitos e na alimentação do país. Quem aí nunca se perguntou por que usamos branco no ano-novo? Fazer que a nossa sociedade não acolha essa influência no seu modo de operar é reafirmar o sequestro de identidade.

Isso comprova o quanto o projeto racista é o crime perfeito, pois ele faz com que a própria vítima se coloque no lugar de criminosa.

Seja para as pessoas pretas deste Brasil, seja para a construção da sociedade brasileira, as religiões de matriz africana contribuem diretamente para a nossa jornada mítico-ancestral. E ainda sobre o livro do professor Sidnei, ele menciona a epistemologia de Exu como possibilidade de cura e desconstrução da intolerância.

É na encruzilhada que podemos encontrar nossas origens ancestrais, autocompreensão, restauração, morte, (re-) nascimento, e continuidades. [...] Na sociedade do esquecimento, do apagamento do esvaziamento semântico das origens, é praticamente impensável a existência de uma epistemologia que valorize tudo que a necropolítica quer negar e, em seguida, matar.

É, professor, que a nossa sociedade viva a liberdade de expressão religiosa e não tenha mais medo da encruzilhada.

Y OTRAS COSITAS MÁS...

• Segundo balanço do Disque 100, do Ministério da Mulher, Família e Direitos Humanos, o número de denúncias de casos de intolerância religiosa aumentou 56% no primeiro semestre de 2019, se comparado a 2018. Nos casos identificados, os ataques a religiões de matriz africana elencam o primeiro lugar.

Brasil, chegou a vez...

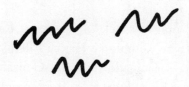

... de ouvir as Marias, Mahins, Marielles, Malês... E celebrar mulheres que abrem a cortina do passado, inspiram o nosso presente e deixam suas marcas na história para as futuras gerações! Mulheres como...

As talentosas Alcione, Ana Paula Xongani, Andressa Cabral, Ainá Garcia; e as inspiradoras Adriana Barbosa, Aisha MBikila e Antonieta de Barros.

As articuladas Beta Maria, Bela Reis e Benedita da Silva; as sensíveis Conceição Evaristo, Carla Akotirene, Carolina Maria de Jesus, Carollina Laureano e Chica Xavier; as impressionantes Dandara, Djamila Ribeiro, Duda Almeida, Domitila de Paulo.

As poderosas Elza Soares, Erika Hilton, Erica Malunguinho; as incansáveis Formiga e Flávia de Oliveira; as necessárias Gabi Oliveira, Gloria Maria, Gessica Justino e Gabb Cabo Verde; as indispensáveis Gabriela Loran, Giovana Xavier e Hemili Thamiris.

As geniais Igi Ayedun, Iza, Izabella Suzart, Ingrid Silva, Iusley da Mata e Iléa Ferraz; as queridas Josy Ramos e Jennifer Dias; as questionadoras Jacque Silveira, Jacy Lima, Joice Berth e Jurema Werneck; a resiliente Karol Conká e as criativas Kerolayne Kemblim e Jéssica Ellen.

A sagacidade de Lélia Gonzalez, Luanda Vieira, Luana Génot e Luiza Bairros; o afrontamento da Luedji Luna e da Jojo Todynho. A veia pulsante de Larissa Luz, Leci Brandão, Loo Nascimento, Laura Peres, Lu Safro, Lua Xavier, Luanda Vieira, Linn da Quebrada, Liniker e Léa Garcia.

As ousadas Magá Moura, Maria Firmina dos Reis, Monique Evelle e Majur; as sábias Maria Beatriz do Nascimento, Manu Buzas, Mika Safro, Mahmundi e Maraisa Fidelis; a disrupção de Nátaly Neri, Nádia Taquary, Xênia França e Xan Ravelli; o vanguardismo de Nicole Balestro, Mônica Nêga, Natasha Soares e Nina Soares.

A elegâcia de Omara Portuondo; o "groove" da Pathy Dejesus e da Polly Marinho; o carisma e conhecimento da Rafaela Pinah e de Roberta Holiday.

As apaixonantes Susana Baca, Samantha Almeida, Sabrina Fidalgo, Stephanie Ribeiro, Suyane Ynaya, Sueli Carneiro, Mc Soffia e Sabrina Ginga; a expressão de Ruth de Souza, Thais Delgado, Taís Araújo, Thais Pires, Teresa Cristina; as argumentadoras Tereza de Benguela, Thamirys Borsan e Talíria Petrone.

O senso de transformação de Vivi Duarte, Vale Saig e Wilaize; a doçura e sensatez de Yedda Affini; a libertação de Zazá Pecego e Zezé Motta!

Afinal, se hoje eu sou inteiramente Luiza Brasil é porque tenho em mim partes de cada uma delas.

PARTE 2

Ser mulher

Você sabe DE QUEM está falando?

"Cabe aos meninos respeitar, porém as meninas precisam ser ensinadas desde cedo que o lugar delas é onde elas quiserem."

Atire a primeira pedra a mulher que nunca escutou o clichê "comporte-se como uma moça" ao longo de sua vida. Os motivos? Podem ser inúmeros: vão desde o julgamento pela forma como se senta ("cruza essas pernas, menina!"); por comer ou beber demais; pelo cabelo curtinho ou muito longo; a depilação não feita ou a unha sem esmalte; até/ou, principalmente, quando falamos abertamente sobre sexualidade. Nos casos ainda mais sérios, envolvem culpabilização da vítima por abuso e assédio. Já reparou o quão mais fácil é apontar o dedo para alguma de nós? Como mulheres, estamos muito mais sujeitas a pitacos daquilo que o mundo espera de nós.

Que fique bem nítido: este texto está longe de ser a celebração de uma das falas mais abomináveis e que mais representam o autoritarismo brasileiro, principalmente se sair da boca de um cidadão homem, branco, hétero e rico, tão acostumado a lidar com o mundo e com a síndrome do pequeno poder a partir dos seus privilégios! Mas é uma provocação às críticas e aos julgamentos tão facilmente dedicados a nós.

A filósofa e escritora francesa Simone de Beauvoir rompeu os padrões da sua época ao dizer que "não se nasce mulher, torna-se mulher". E este pensamento está cada vez mais maturado em mim. Percebi que o que muitas vezes performamos como feminilidade, na verdade, são poderosíssimos mecanismos de controle que nos travam; e, como em toda opressão, os atos mais perversos estão nas sutilezas.

Por um lado, somos de uma geração que, com a contribuição do digital, tem a habilidade de amplificar pautas e de quebrar muitos dos padrões estabelecidos sobre o que é ser mulher nos dias de hoje. Mas, por outro, vivemos a era da "hiperexposição", que nos faz estar altamente vulneráveis em um cruel tribunal de opiniões, que tenta transformar nossa libertação em um maquiavélico instrumento de punição. E se antes assistíamos a esse show de horrores nos sites de fofoca e nos cliques do distante universo das celebridades pelos paparazzi, esta realidade passou a ser minha, sua ou, talvez, da nossa vizinha de porta, por conta das redes sociais.

Quando crianças, fomos condicionadas a brincar de casinha e carregávamos nossas bonecas como se fossem filhas. Não tínhamos a possibilidade de explorar o mundo e almejar a nossa liberdade brincando de astronauta ou marinheira. Quando crescemos um pouco, reproduzimos comportamentos de letras de músicas ou de folhetim de novela adolescente que naturalizam relações abusivas ou extremamente infelizes, como deixar de sair com os amigos por conta de um crush. Ao nos tornarmos mulheres, mais do que ser estimuladas a ocupar um cargo profissional de importância, somos cobradas a arranjar um bom casamento. Como esperar de muitas de nós estabilidade emocional para falar sobre dinheiro e autonomia, se o debate em torno do nosso empoderamento financeiro e político nunca aconteceu de forma acolhedora?

Nas relações, se não ficamos perdendo tempo com contatinhos ou se falamos abertamente sobre nossos orgasmos (e a falta deles), ainda exercemos um comportamento incomum ao universo feminino. Porém, não nos cabe mais a zona de conforto de apenas estar em relações: precisamos vivê-las e pertencer ativamente!

Faço minhas as palavras da escritora nigeriana Chimamanda Ngozi Adichie em *Sejamos todos feministas*:

> É importante que comecemos a planejar e sonhar um mundo diferente. Um mundo mais justo. Um mundo de homens e mulheres mais felizes, mais autênticos consigo mesmos. E é assim que devemos começar: precisamos criar nossas filhas de uma maneira diferente. Também precisamos criar nossos filhos de uma maneira diferente.

Cabe aos meninos respeitar, porém as meninas precisam ser ensinadas desde cedo que o lugar delas é onde elas quiserem.

Estamos falando COM mulheres e DE mulheres que batalharam demais para subverter as insatisfações de toda uma sociedade que projeta um papel sobre elas. Se chegamos até aqui, é para seguir a nossa intuição e respeitar as nossas vontades. Crítica nenhuma pode oprimir o nosso senso de vaidade ou subestimar a mulher em construção que nos tornamos a duras penas. Absorva menos o que vem de fora e se escute mais. Afinal, nossa maior força é o respeito pelas nossas próprias decisões.

CAIXA PRETA

90% das brasileiras se sentem menos respeitadas que os homens no trabalho.

Workana, 2017

Fonte: <https://blog.workana.com/pt/publicacoes-imprensa-brasil/90-das-mulheres-ja-se-sentiram-menos-respeitadas-que-os-homens-no-trabalho/> Acesso em: 5 abr. 2022.

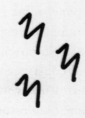

Cansei de ser sexy. E só "*repeller*" também!

"A beleza não precisa estar correlacionada à dor e ao sofrimento: é processo e criatividade!"

Redefinir a minha feminilidade é um exercício constante. Parte disso, atribuo à dobradinha autoconhecimento e maturidade, outra fatia aos conteúdos que acompanho propostos por mulheres incríveis que surgiram no ambiente digital; e, por fim, preciso ressaltar que todos os debates que envolvem questões de gênero com mulheres trans me ajudam a incrementar ainda mais a evolução do meu pensamento.

Se há pouco tempo tudo que remetia ao feminino era atrelado a adjetivos subestimados como frágil, ingênuo e bobinho, hoje anda lado a lado com qualidades como força, poder e intuição.

Sou de uma geração que vive a desconstrução do que é ser mulher, repensando os elogios e os conceitos sobre a sensualidade e sexualidade, transformando os ideais em atitude. E isso, sem dúvidas, influencia na forma como nos vestimos. Não apenas como uma expressão de moda: funciona como um reflexo de comportamento da nossa sociedade. Quem nunca cogitou usar um look com transparência e desistiu por medo de assédio ou insegurança com o próprio corpo? Experimentou

CAIXA PRETA 81

aquele visual "pá", mas se sentiu velha demais para desfilá-lo por aí? Ou, quando mais nova, não se viu cobrada a usar maquiagem carregada e saltos vertiginosos com intuito de parecer mais velha?

Aos poucos, as definições de "ser sexy" foram atualizadas, e não estamos mais necessariamente falando sobre corpo à mostra! Seria romantismo demais da minha parte dizer que a beleza está apenas no intelecto ou na tal "beleza interior". Mas, em doses homeopáticas, os últimos tempos nos ensinam que nosso sex appeal também é sobre estarmos confortáveis em nossa própria pele, vestindo o que nos apetece e o que acreditamos funcionar em nossa silhueta, independentemente de cartilhas.

Se me permite falar pelo viés da moda, um território com que particularmente tenho bastante afinidade, esse entendimento é notório, principalmente entre as marcas com mulheres na direção criativa. A Dior, de Maria Grazia Chiuri; a Prada, de Miuccia; a Celine, da era Phoebe Philo; e a Stella McCartney, com sua marca homônima, dialogam fluentemente com esse neofeminino em sua essência. Para endossar esse coro, juntam-se ao coletivo as conscientes Gucci, de Alessandro Michele; e a Chloé, de Gabriela Hearst, que promovem mudanças estruturais para além do debate de gênero. No Brasil, nomes como Neriage, Aluf e Angela Britto dão aulas sobre como endurecer (e não cair nas opressões do patriarcado) sem jamais perder a ternura com roupas oversized e muito tênis no pé.

Felizmente, com o avanço desse novo feminino, também podemos celebrar sem culpa aquela vontade que bate de a gente reagir e botar um cropped! Expressar seu feminino pela moda vai muito além do que está na vitrine: é o exercício de se sentir livre e à vontade com você mesma. A beleza não precisa estar correlacionada à dor e ao sofrimento: é processo e criatividade!

Se chegamos até aqui, é para questionar o que foi imposto em uma cartilha imaginária (provavelmente inventada por alguém do sexo masculino), principalmente no que diz respeito à nossa sensualidade. É sobre termos autoconhecimento e percebermos o que é ditado para, de fato, saber o que queremos para nós mesmas. É entender (e nos fazermos entendidas) que o sexy não se reduz ao que se vê fisicamente, pode estar também na sutileza dos gestos e em uma troca de ideias. É sobre ter escolhas!

Liberté, egalité, fraternité et... "objetifiqué"?

"Permitir que corpos desprivilegiados no afeto e na aceitação social vivam a liberdade, independentemente dos 'likes' e dos 'lacres': isso sim é existência!"

Durante uma Paris Fashion Week, assisti ao desfile de uma marca que muito aprecio e que tem feito um reposicionamento estratégico bastante voltado para a Geração Z. Na apresentação, não faltaram *strass*, estéticas que remetem ao universo *clubber* e ao *techno* e as modelagens daquilo que os jovens apelidaram de Y2K: cinturas baixíssimas, comprimentos curtíssimos e a reação grau mil da mulherada com blusas *cropped* que quase mostravam os mamilos.

Tudo seria muito interessante, se não fosse por um motivo: todos os corpos que vestiam estas silhuetas tamanho "mini" eram de mulheres extremamente magras, com um porte quase infantilizado.

Obviamente, minha crítica não é destinada às modelos com suas estruturas magérrimas; afinal, quando falamos de corpo, muitas coisas entram em jogo, entre elas fatores genéticos e biotipos que não escolhemos na hora em que a cegonha nos largou neste mundão. Mas o que me deixou superreflexiva é que se estamos batendo tanto na tecla da importância da liberdade corporal na sociedade como um todo, e nesta apresentação em

CAIXA PRETA 85

específico me senti teletransportada literalmente para os anos 2000, década em que o piercing no umbigo e o visual "colegial sexy sem ser vulgar" caía muito bem... mas com a condição absoluta de você ser MAGRA, em letras grandes. O *shape* que era a capa da revista masculina, da protagonista da novelinha adolescente ou da socialite norte-americana milionária, que tinha um reality show na TV paga. Afinal, é com o combo balança e fita métrica que medimos nossos afetos e aceitação do mundo, não é mesmo? Contém ironia, claro...

De volta ao presente, acredito que tivemos muitas conquistas quando falamos em padrões de beleza. Uma maior autonomia diante dos nossos corpos, a pressão na indústria da moda por grades mais amplificadas e a sensação (repito: sen-sa-ção) de que podemos fazer com ele o que a gente quiser e só deusa Rihanna pode nos julgar.

Mas não é bem assim. O que mais podemos perceber nos últimos tempos é uma chuva de corpos femininos (dos mais variados estilos) exibidíssimos em microbiquínis e estilos que variam do "pirigótico" ao "pirinejo", que inundam nossa timeline com legendas e frases de efeito, embalados sobre a chancela do "empoderamento feminino", mas que no fundo só querem a validação do outro, não aprofundam em nada o debate da positividade corporal e ainda por cima servem aos desejos daquilo que era para ser repudiado: a nossa sexualização e opressão por parte do patriarcado, que continua a nos enxergar como um simples pedaço de carne. É a descontextualização total de um propósito!

Eu poderia seguir o "simples assim" e comprar o texto pronto de que auto-objetificação em nada tem a ver com empoderamento. Muito fácil se contentar com essa tese quando se é mulher, cis, branca, magra performando normatividade e que, mesmo sofrendo com todos os percalços das dores de ser mulher, intuitivamente o mundo abre outras opções de portas para as possibilidades de serem amadas e aceitas pela sociedade. E quando falamos de mulheres trans? Negras? Gordas? Com deficiência? É um leque enorme de questões enfrentadas pelos corpos que foram oprimidos por séculos, não foram condicionados para serem amados e desejados por nós mesmas e pelos outros e alguns deles, principalmente no caso das pretas e não cis, buscam para além do arco-íris o pote de ouro da valorização, sem cair nas garras da hipersexualização. Permitir que corpos desprivilegiados no afeto e na aceitação social vivam a liberdade, independentemente dos "likes" e dos "lacres": isso sim é existência!

Porém atentas! Estamos muito longe de driblar todas as questões que envolvam os padrões corporais ou a negação deles. Cuidado com a mídia que mira na superexposição para nos causar mais gatilhos de que devemos ser cada vez mais "livres" diante do que convém e, com isso, nos reprime ainda mais. Olhos na nuca para os que não conseguem se conformar com a busca da nossa plenitude e constantemente nos culpabilizam por abusos e assédios. Tenha senso crítico para entender que o "empoderamento" produzido no reality da família norte-americana que construiu o seu império feminino e comercializa por milhões de dólares novos padrões corporais, de beleza e de consumo é fruto de arquétipos superficiais e não de um processo de construção de consciência.

Confie no seu processo, e o caminho para a liberdade vai ser bem mais gentil. Meu corpo, minhas regras e minha coerência!

CAIXA PRETA

Apenas 11% das garotas no mundo se sentem confortáveis em se descreverem como "bonitas".

Dove, 2019

Fonte: <https://www.dove.com/br/historias-Dove/sobre-Dove/our-research.html> Acesso em: 5 abr. 2022.

Um corpo (político) no mundo!

"O 'meu corpo, minhas regras' precisa ser mais do que práticas nos feeds de Instagram com frases de impacto, com nossos corpos performando liberdade, porém aprisionados em conceitos esvaziados sobre eles mesmos."

Provavelmente, assim como eu, você que me lê por aí também ficou estarrecide com o caso Mari Ferrer, que virou notícia nacional. A influenciadora e promoter afirma ter sido dopada e estuprada por André Aranha em dezembro de 2018. A sentença acabou com o réu do crime absolvido por falta de provas (além da palavra da vítima) de que ele teve a intenção de estuprá-la, o que foi chamado pela mídia de "estupro culposo". Fomos para as nossas redes, esbravejamos, ganhamos as ruas de algumas cidades e... será que depois dessas comoções tudo volta ao indesejado "normal" do que é ser mulher no Brasil?

Vivemos no país em que, depois da pandemia e de seus desdobramentos como o isolamento social, a cada nove horas algumas de nós perdem a vida por causa do feminicídio. É impensável não cruzar os índices de violência doméstica sem analisar os recortes raciais e sociais. A nossa vulnerabilidade nesses casos vai além das mensagens de autoestima do mundo digital. Está na falta de informação e de liberdade, que precisam ser combatidas com a conscientização dos nossos direitos. Obtivemos conquistas? Sem dúvidas.

Entendemos a importância de denunciar crimes desta esfera, e isso é louvável. Mas como a justiça pondera o valor do depoimento da vítima de um crime motivado por questões de gênero, se o próprio sistema que visa a protegê-la acaba por acusá-la?

O "meu corpo, minhas regras" precisa ser mais do que práticas nos feeds de Instagram com frases de impacto, com nossos corpos performando liberdade, porém aprisionados em conceitos esvaziados sobre eles mesmos. Ou até mesmo os rituais do "sagrado feminino seletivo", em que muitas vezes sequestram a ancestralidade dos povos originários, demarcam esse espaço como uma grande novidade do contemporâneo e pouco dialogam com a vivência de mulheres periféricas ou de gerações anteriores. Nosso corpo precisa, sim, ser protegido pelo Estado.

Para os tempos que vêm por aí, temos um desafio: mais do que repercussão das importantes bandeiras do autoconhecimento, precisamos trazer luz à importância de que o maior autocuidado que podemos ter com nós mesmas é assumirmos o compromisso com a luta por direitos, para que as mais diversas realidades do feminino consigam se alinhar e provar o gosto doce e saboroso da conquista.

CAIXA PRETA

Quando falamos de índices de violência doméstica em estados como Minas Gerais, 61% das vítimas são negras e 70% não concluíram o ensino médio.

Amazônia Real, Agência Eco Nordeste, #Colabora, Portal Catarinas e Ponte Jornalismo, 2020

Fonte: <https://ponte.org/mulheres-enfrentam-em-casa-a-violencia-domestica-e-a-pandemia-da-covid-19/> Acesso em: 5 abr. 2022.

Carnaval: liberdade é fantasia?

"O assédio praticado sobre nós, como puxões de braço, beijos forçados, xavecos obscenos ou outros abusos grotescos não podem mais ser aceitos. Nem no Carnaval, nem nos demais dias do ano."

Sou dessas que amam o Carnaval! Mal chega fevereiro e já começo a me preparar intensivamente para a folia de Momo. Mas sem essa de embarcar na dieta radical da vez, praticar a modalidade fitness que promete secar a barriga ou, muito menos, apelar para incisões cirúrgicas. Se esses são seus artifícios, tudo bem! Também não estou aqui para julgar, mas acredito que curtir a folia nos dias de hoje vai para além de exibir um corpo torneado no camarote: é sobre expressar a sua criatividade nas montações, mas, sobretudo, liberar algumas das nossas fantasias mais íntimas — sem ofender a ninguém, óbvio.

Se você também acredita que "sua carne é de Carnaval, e o coração é igual" (Alô, Novos Baianos!), nada é mais gostoso do que revirar o acervo de brilhos, plumas e paetês guardado no fundo do armário e descobrir relíquias preciosas, resgatar o estoque de glitter biodegradável, garimpar nos mercados populares da cidade achados por uma pechincha... e tudo isso rodeada de amigos e com a playlist torando ao som de Olodum, Timbalada, marchinhas ou qualquer hit clássico da época mais fervorosa do ano. E nessas horas, qualquer corpo é um corpo de atleta para a maratona de prazer e diversão que o festejo proporciona.

Em cidades como Rio de Janeiro, Belo Horizonte, Olinda e Salvador, mais do que uma festa do povo, o Carnaval passou a ser um ato político, com direito a blocos de rua independentes e manifestações. Ok, não posso meramente romantizar a iniciativa que parte, geralmente, de jovens de regiões mais privilegiadas dessas cidades, pois, muitas vezes, alguns desses espaços que eram para ser totalmente democráticos viraram excludentes, classistas ou aquilo que a nossa geração conhece muito bem, e que chamamos de "bolha". Mas devo confessar que, ainda assim, consigo enxergar um esforço positivo de alguns coletivos culturais para tornarem esta celebração um lugar de todos e foi por isso que eu resgatei o meu amor por Carnaval, esta festa que corre nas minhas veias desde que nasci. Afinal, sou filha de fundador de bloco e herdeira do legado cultural imenso que vem de ser anfitriã da folia desde criança. Meu pai e meus tios eram daqueles que fechavam uma rua em Bonsucesso, bairro do subúrbio carioca do Rio de Janeiro, e, segundo eles, até nomes ilustres da música brasileira em seus inícios de carreira, como Alcione, já deram uma palhinha no fervido bloco. Meu sítio em Guapimirim, no pé da serra do RJ, servia de concentração para músicos e foliões locais celebrarem a época mais aguardada do ano.

Me reencontrar na folia do meu tempo foi bálsamo. É o clima astral que contagia a todos e a clássica pergunta "É água, água mesmo?", a música que agora passa a excluir versos racistas e homofóbicos das marchinhas, o cuidado com a apropriação cultural na hora de se fantasiar e, por fim, mas não menos importante, o levante do debate sobre o respeito às minas. Já é hora de ocuparmos nossa merecida posição de igualdade perante os homens, da concentração à dispersão dos blocos, mesmo que vestindo nossos maiôs cavados ou só com glitter biodegradável espalhado estrategicamente pelo corpo.

O assédio praticado sobre nós, como puxões de braço, beijos forçados, xavecos obscenos ou outros abusos grotescos não podem mais ser aceitos. Nem no Carnaval, nem nos demais dias do ano.

Durante uma década circulando pelos blocos de rua, camarotes e bailes do Rio de Janeiro, tive o ensinamento de que o meu look não é de forma alguma permissão para me tocarem ou fazerem algo que eu não queira: seja de topless, seja de *hot pant* ou, ainda, com uma fantasia que cubra o corpo todo.

Botar o nosso bloco na rua sem medo e sem assédios não é uma missão apenas dos cinco dias de Carnaval. Fantasiada ou de calça jeans, desconstruir a ideia de que nós, mulheres, somos as culpadas pelos abusos que eventualmente nos acometem por conta do gênero é um verdadeiro abre-alas para o respeito e para a nossa liberdade.

CAIXA PRETA

48% das mulheres brasileiras declaram já ter sofrido assédio, constrangimento ou importunação sexual em festas de Carnaval pelo Brasil.

Ibope Inteligência, 2020

Fonte: <https://g1.globo.com/carnaval/2020/noticia/2020/02/21/48percent-das-mulheres-dizem-ja-ter-sofrido-algum-tipo-de-assedio-no-carnaval-diz-ibope-inteligencia.ghtml> Acesso em: 5 abr. 2022.

Síndrome da impostora: eu fui!

"As maiores vitórias que podemos prover para nós mesmas são a honestidade de reconhecer os nossos êxitos e de respeitar os nossos limites."

Quando completei dez anos de carreira na comunicação, talvez tenha sido um dos momentos mais dramáticos da minha jornada. Não, a culpa está longe de ser de uma demissão indesejada ou alguma mudança radical daquelas que tiram a gente do eixo. Sabe qual era a minha maior expectativa daquele momento? Celebrar as conquistas que tive ao longo do tempo e que me renderam os mais variados elogios de grandes profissionais do mercado, convites irrecusáveis de trabalho, prêmios, capas de revista, entre outros reconhecimentos importantes para quem está penetrando em espaços cada vez mais relevantes contando apenas com a competência e um certo jogo de cintura para não só ocupá-los, como também pertencer a eles. Com este spoiler, você já deve imaginar qual foi a realidade, né? Mesmo diante de tantas maravilhas, persisti na pergunta: "Mas será que eu sou boa o suficiente para tudo isso?".

Ok, se você acompanha minha trajetória desde o começo como pesquisadora de moda no maior site de Streetstyle brasileiro no fim dos anos 2000, no trabalho com a Costanza Pascolato, em meus textos na Caixa Preta da revista *Glamour* ou pelo meu laboratório de comunicação, o @mequetrefismos nas redes sociais, me entende como aquela mana "de milhões", poderosérrima, influente, cheia das ideias disruptivas, dona de si e pleníssima. Com o tempo e a terapia, aprendi que sou tudo isso mesmo (risos). Mas não se enganem! Por trás de cada mulher que conquista novos lugares com poucos ou nulos referenciais, a chance de tudo isso vir acompanhado de culpa e vulnerabilidade cresce em proporções alarmantes.

Na época, conversando com uma amiga sobre esse sufocante sentimento, descobri que eu não estava sozinha. E todo esse massacre emocional que ronda o nosso prestígio tem nome: síndrome do impostor. O distúrbio atinge cerca de 70% das pessoas bem-sucedidas e faz com que uma crença interna te convença a sentir que nunca é boa o suficiente. É uma constante sensação de fraude. De que todo o seu sucesso não vem das habilidades e do talento, mas sim de um mero acaso. A síndrome atinge principalmente mulheres e, certamente, é ainda mais cruel com nós, negras.

O motivo não é novo, e a equação é simples: basta olhar para a estrutura machista e racista que ainda ronda o mercado de trabalho, adicione a autocobrança tripla da população feminina preta para estar nos lugares (quem de nós nunca ouviu que temos de nos esforçar infinitamente mais para sermos validadas nos espaços de liderança da branquitude?) e divida pelo esforço descomunal de ser aceita nos ambientes. O resultado? Uma baixa autoestima, o não pertencimento e a sensação de que se é uma grande farsa.

Isso nos desgasta, deprime e adoece. A impressão de que o corpo e a cabeça não acompanham a quantidade de solicitações e o tamanho da sua responsabilidade no mundo é paralisante.

Você quer estar a postos para toda essa generosidade do mundão, mas mecanismos ainda mais vorazes, como a autossabotagem e o esgotamento, dão aquela derrubada, e você começa a desacreditar que é merecedora das suas vitórias. Isso aconteceu comigo e, provavelmente, contigo. Em outras proporções, com nomes como Serena Williams e Michelle Obama, que já falaram publicamente sobre a síndrome. Em dimensões ainda mais graves, acometeu a Whitney Houston. É a nossa sanidade mental que está em jogo!

Mas bora vencermos e darmos um basta nessa sensação de impotência, assim como fez Simone Biles que, em um ato corajoso, desistiu de competir nas provas das Olimpíadas de Tokyo de 2020 (que, por causa da pandemia, ocorreu em 2021), mostrando que não há medalha que justifique o seu comprometimento psicológico. E como podemos ver nada disso abalou sua reputação e comprometeu o seu brilho de campeã.

As maiores vitórias que podemos prover para nós mesmas são a honestidade de reconhecer os nossos êxitos e de respeitar os nossos limites. Fuja do caminho da autocrítica insistente e busque a valorização. Compartilhe com amigos ou pessoas confiáveis as suas angústias. Eles muitas vezes conseguem enxergar o panorama com mais nitidez. Exerça a autocompaixão. Aceite que você não é boa em absolutamente tudo e que errar é humano. Por fim, não recuse elogios — você os merece!

CAIXA PRETA

Para 77% das executivas brasileiras, a diferença entre o que esperavam da vida pessoal ou da carreira e a realidade do que elas realmente conquistaram pode ter desencadeado a síndrome da impostora.

KPMG e IP-USP, 2021

Fonte: <https://www.ip.usp.br/site/noticia/sindrome-da-impostora/>
Disponível em: 5 abr. 2022.

Juntas e misturadas

"Não pensar o feminismo de maneira interseccionalizada é reforçar a manutenção dos privilégios, e não enxergar as camadas do diálogo que envolvem a dororidade só reforça o descaso da sociedade brasileira com as mulheres negras."

"Uma sobe e puxa a outra", "tamo juntas", "nós por nós"... Provavelmente, você já está familiarizada com essas expressões, não é mesmo? Graças à popularização do termo "sororidade", que define a união feminina a partir de conceitos como empatia e companheirismo.

Sou de uma geração que cresceu acostumada com a competição entre mulheres. Na mídia, sempre fomos tratadas como "o pivô da separação", mesmo quando era o "embuste" quem tinha aprontado. Somos criadas para rivalizar umas com as outras: pelo corpo, pela roupa, pela competência ou pela atenção masculina. Mais de uma mulher negra em um espaço de poder? Praticamente uma afronta! Ver desmoronar esse clima bélico é um grande avanço e me orgulha, sem dúvidas.

Mas, se por um lado existe uma geração que desde muito cedo terá em seu comportamento o apoio entre mulheres como importante chave para as questões de igualdade de gênero, por outro vemos crescer o ardiloso terreno da "sororidade seletiva", que tem como parcela de culpa não somente as mulheres, mas acima de tudo uma oportunista indústria que se apropria da importante pauta feminista e elege quem são as merecedoras desse espaço — e, claro, isso diz muito sobre cor, idade, classe social e cisgeneridade.

Pois é, "tia Sororidade": foi bom enquanto durou. Mas a fila precisa andar para muitas e diversas mulheres. Queremos mais!

Kimberlé Crenshaw, advogada, acadêmica e especialista em questões de gênero, cunhou o termo *intersectionality* (interseccionalidade) em 1989 como forma de entendermos que, mais do que o recorte entre feminino × masculino, é necessário reconhecer que as estruturas de dominação-exploração também envolvem etnia, classe e sexualidade, entre outros fatores. E por parte de quem sofre menos opressão diante de tudo isso, não basta só dar o lugar de fala, deve-se também compartilhar responsabilidades: qual é o seu grau de interação com mulheres de outras realidades que não sejam a sua? Termos um discurso acadêmico bem alinhado e poderoso é importante, porém isso pode ser bastante excludente se não soubermos usá-lo de maneira adequada.

Seguimos atentas e fortes até que, "pá", outro conceito chegou e contextualizou ainda mais a realidade da mulher racializada no Brasil. Você já ouviu falar em "dororidade"?

Termo criado pela professora Vilma Piedade em seu imperdível livro *Dororidade* (leitura imprescindível!), é a conexão que mulheres negras possuem a partir de experimentos de dor, que acontecem pelo atravessamento de opressões. A expressão nasceu do seu legítimo "pretoguês" e tem se ampliado como uma resposta à necessidade dos debates feministas serem mais inclusivos, afinal, o racismo é uma violência estrutural que bate na porta com força nas nossas questões de gênero, como a solidão e a perpetuação de alguns estereótipos, por exemplo, o da agressividade.

Sair da bolha é preciso! Não pensar o feminismo de maneira interseccionalizada é reforçar a manutenção dos privilégios, e não enxergar as camadas do diálogo que envolvem a dororidade só reforça o descaso da sociedade brasileira com as mulheres negras. Precisamos estar próximas de nossas semelhantes, fortalecendo a sinergia, união e força, mas também é fundamental olhar com cuidado, carinho e empatia a articulação com outras mulheres que estão em diferentes lugares dessa longa caminhada. Existem muitas vidas femininas para além da sororidade. Afinal, eu sozinha ando bem, mas com você ando melhor.

Por favor, meu ego!

"Você não precisa mais se reduzir para caber, mas expandir para se libertar!"

Sou chamada de arrogante com frequência. E ora, ora (lê-se em tom de ironia), justo por quem? Por boys que não aceitam ser contrariados. A gente leva uma vida inteira sem destratar ninguém, sendo extremamente justa e respeitosa, altamente responsável afetivamente com o outro (esse tópico eu devo confessar que quaaase sempre), fazendo muita meditação para não revirar os olhinhos, e, no fim, você que lute, pois ainda assim tem que lidar com crise de ego de marmanjos mimados que percebem que não são prioridades na sua vida!

Certamente, você já passou por isso. Se a sua decisão foi dar de ombros, bingo! Mas caso tenha se sentido coagida, culpada por não ter feito qualquer coisa que não estivesse à vontade por uma chantagem emocional, respire, puxe uma cadeira e vamos conversar.

Responda aqui essas perguntinhas rápidas para o meu TCC: em um relacionamento, na mesa do bar e até mesmo no ambiente de trabalho, quantas de nós em um debate com homens tivemos de usar um discurso mais duro e acabamos tiradas como pedantes? E o pior vem depois, quando eles tentam se "redimir"; o primeiro passo é dizer que a gente "entendeu tudo errado", que estamos "surtando" e que foi "somente uma brincadeirinha". Já aconteceu contigo? E não para por aí: já tentaram te desestabilizar emocionalmente e ficaram incomodados com o quanto você trabalha, com o tempo que passa com es amigues ou cuidando da vida pessoal?

Infelizmente, atitudes como essa não são carinho, cuidado, preocupação e amor. O nome disso é violência emocional. Diferentemente de pautas como estupro, agressão doméstica e feminicídio, que já são diretamente ligadas ao machismo, existem alguns comportamentos que habitam nas pequenas sutilezas da vida, mas nos oprimem e nos delimitam a um lugar em que a voz do homem ainda é a dominante.

Não pense que são distantes da nossa realidade conceitos como *bropriating* (apropriação de uma ideia feminina por parte de um homem), *gaslighting* (manipulação psicológica que coloca em dúvida a sanidade da mulher), *manterrupting* (quando uma mulher é interrompida por um homem) e *mansplaining* (quando em um tom quase sarcástico um homem decide explicar algo óbvio para a mulher) — termos brilhantemente explicados e trazidos à tona pela ONG Think Olga.

Está no chefe que rouba aquela sua ideia brilhante (ainda mais em tempos em que "empoderamento" e "empatia" viraram palavras-chave de alguns departamentos) e apresenta como se fosse dele; está no parceiro que não suporta ver o seu senso de liderança e faz uma alusão direta ao seu poder com falta de compaixão, gerando culpa; e também nos amigos que não aceitam que você seja menos do que a Beyoncé, e esta projeção dá margem para a constante sensação de frustração.

Alimente seu ego, defenda seus valores e credos e não se curve para o que não te faz sentido. Você não precisa mais se reduzir para caber, mas expandir para se libertar!

Portanto, nunca se esqueça: em um mundo tão acostumado a ter o discurso do homem como palavra final, sua fala firme e forte não é arrogância. Acredite e defenda o potencial da sua voz! Ela é a principal ferramenta para te proteger de gestos falsamente inofensivos e mostrar que o nosso lugar é onde a gente quiser, sem passar pela validação do sexo oposto.

PARTE 3

Ser afeto

Tive oito namorados

"Se relacionar é permitir que a alegria espontânea invada o coração."

Até o fechamento da edição deste livro, posso contabilizar na minha vida amorosa um total de oito namorados. Talvez, para pessoas não negras, isso não signifique muita coisa quando se está na casa dos trinta. Mas, no meu recorte, chega a ser um marco na vida de uma mulher negra, sempre tão atravessada pela solidão.

Eu sei e você também já deve ter aprendido por aí que quantidade nem sempre significa qualidade. E apesar da minha lista de parceiros só confirmar essa tese (risos), carrego comigo as experiências de cada uma dessas relações.

Seja do primeiro namoradinho, aos quinze anos de idade, que, assim como eu, era negro, estudava em colégio particular tradicional e tinha uma estrutura familiar e financeira muito próxima à minha; seja o boy descontrolado de quando eu tinha dezoito anos e precisei ser firme para não permitir abusos, que em meados dos anos 2000 ainda não eram batizados por nomenclaturas como *"gaslighting"* ou *"mensplaining"* (se já existia, desconhecia); seja vivenciar a prosperidade preta em um relacionamento com um homem racializado, com posses e riquezas excepcionais, porém agredidíssimo e desestabiliza-do emocionalmente pela sua estrutura familiar racista. Corta para a traição (e a projeção de sucesso afetivo) dele com uma parceira loira.

Lembro-me também do meu primeiro relacionamento inter-racial que se prolongou com idas e vindas por quase uma década, período em que construímos nossa personalidade adulta, alinhamos gostos, interesses, além de uma curiosidade enorme de desbravar as nossas fronteiras (e um pedido de casamento no meio do fervo). O desfecho? Um doloroso, porém, necessário luto para a vida continuar. Teve também aquela relação que se transformou em uma amizade poderosa! Nosso lugar de negritude e o espaço que ocupamos talvez não desse conta de uma configuração que envolvesse energia sexual — seria colocar tudo a perder. Mas inventamos um novo lugar de amor e cumplicidade, que foi o melhor que fizemos.

Aprendi a importância do contrato e de firmar compromissos com nomes objetivos. Sigo atentíssima sempre às pessoas que não querem compartilhar responsabilidades e nomear suas parcerias em caixas como namoro e casamento. Me coloquei no romântico lugar de aceitar um "somos muitas coisas dentro de outras coisas" e depois das pupilas de coração terem cessado (e de uma pandemia pra contar), me restou o abandono ou aquilo que as jovens chamam de *ghosting*. Assumir relações com nome e sobrenome ajudam a fincar o tamanho da energia afetiva, além de ser o meio mais honesto de alinhar as expectativas com o outro.

Também guardo como lição a importância de pessoas que compartilham ambições em locais parecidos com os meus, e que eu não precise esconder no fundo da gaveta atributos que, ao meu ver, são importantes para além do amor: aprecio gente que se diverte com o ato de se vestir bem e entende isso como uma gentileza com o outro. Adoro quem se preocupa em proporcionar experiências e entende que o "charme do mundo" está nos detalhes que vão desde o ajuste da luz, o *home spray*, passa pela mesa posta com cuidado e carinho, até chegar à playlist ideal daquele momento. E tudo isso pode ser simples! Está muito menos no bolso e mais no exercício de lapidar o olhar.

Por outro lado, aprendi também que amar pode ser leve e doce. Mesmo com tantas feridas, levar para o caminho da escassez só nos deixa mais enrijecidas e travadas. Estar em uma relação por inteiro é essencial. Se não estiver, caia fora (com cuidado e respeito com o outro, por favor).

Se relacionar é permitir que a alegria espontânea invada o coração; é estar com alguém que te desafie a ser melhor, mas, da sua parte, você não pode ter medo de evoluir; é sobre curtir experiências grandiosas, relevantes e memoráveis? Sim! Mas também é rir descontroladamente da pizza borrachuda de um delivery mal escolhido, é dançar "Fullgás", de Marina Lima, freneticamente na sala de casa em plena segunda-feira, é atiçar o tesão do outro contando histórias eróticas ao pé do ouvido; é quebrar protocolos negociáveis, trazer mais fluidez para a vida, sem deixar de estabelecer diálogos claros e sinceros; e, quando algo não der certo, a parceria mora ao lado: ser fortaleza um pro outro, mas também chorar junto; é ter alguém ao lado que não tenha medo de ganhar o mundo contigo!

É, olhando para todas essas vivências afetivas, uma coisa eu posso te falar: não tive medo de mergulhar de cabeça nessas relações em busca do amor. Das mais conturbadas até as mais evoluídas, nada ficou no campo de etéreo: todas me fizeram entender que, mais importante do que idealizar o afeto, é vivê-lo. Quando nada mais fizer sentido, a renúncia é um ato de nobreza para não reproduzirmos comportamentos que nos violentam.

Amar tem que ser lindo, livre e leve, pique tipo Zeca Pagodinho: "Não deixe nada pra depois. É a saudade que me diz, que ainda é tempo pra viver feliz". Que amar seja a nossa evolução!

CAIXA PRETA

52,52% das mulheres negras brasileiras não vivem uma relação estável.

Censo (IBGE), 2010

Fonte: <https://claudia.abril.com.br/sua-vida/a-mulher-negra-nao-e-vista-como-um-sujeito-para-ser-amado/>. Acesso em: 5 abr. 2022.

E as meninas?

"Que realizemos, enquanto mulheres negras, a proeza de experimentarmos novas formas de amar sem culpa ou pudores, como uma resposta à hipersexualização dos nossos corpos, tão estigmatizados a servir os desejos masculinos."

Sexualidade é um bicho bem doido, você também não acha? Para millenials como eu ou pessoas de gerações anteriores, grande parte de nós tivemos um melindre imenso em tratá-la. Para começar, a grande maioria se habituou com a invisibilização deste diálogo com pais e familiares, recorrendo a "bíblias" que iam desde a revista *Capricho* até o programa Ponto P nas madrugadas da MTV, que ora sanavam as nossas dúvidas, ora nos deixavam com ainda mais minhocas na cabeça. Vivíamos o estigma da sagrada virgindade feminina, o medo de não ter aquela performance sexual típica de "Malhação" (lembro-me até hoje da primeira vez da Tati com o Rodrigo) ou, ainda, o não pertencimento ao tentar se caber na antiga sigla "GLS". Bissexualidade? "É coisa de gente promíscua!", eles diziam. Bem-aventurados são os jovens da geração Z ou alfa, que tiram de letra esta polaridade boba de gostar de "meninos" ou "meninas" e gostam de "pessoas". Se pecam pela frequência sexual, espero que ganhem em qualidade do mesmo.

Se desde que o mundo é mundo a teoria do amor livre não tivesse tantos entraves, deixaria muito mais gente como eu "chic à vontade" com as suas escolhas na prática. Principalmente quando falamos do tabu que ainda sobrevoa a homoafetividade.

Se eu pudesse escolher uma fruta para definir a minha relação com mulheres, posso dizer que esta seria uma lichia: de casca dura, áspera, quase perfurante, mas que ao acessar o fruto, você degusta de um sabor delicado, sensível e fresco, com uma semente enorme.

A primeira vez que me lembro de ter gostado de uma menina foi no jardim de infância. Porém, quando criança, fui condicionada a entender que aquele amor por ela era uma amizade. Cresci, apareci e me permiti. Beijei muitas mulheres, transei com algumas delas. Mas, infelizmente (e digo mais uma vez: até o fechamento desta edição), nunca consegui cativar uma relação duradoura com nenhuma. Falta de afeto? Interesse? Ainda não pintou "aquela pessoa"? Todas as alternativas acima? Não sei, mas o bom divã da terapia é que tem me ajudado a decifrar esse bloqueio.

O peso do que aprendemos quando criança é determinante para alimentarmos nossas crenças da vida adulta. E depois, para quebrá-las, só deusa Rihanna na causa! Passei a subestimar o que sentia por meninas por ter acreditado muito tempo nesta condição de que a minha inocente cabecinha infantil foi ensinada. E, com isso, surgiu o medo de uma suposta rejeição, que não era na roda de amigos, ou no âmbito social de Niterói, cidade onde passei minha adolescência. Esses não me importavam nem um pouco! Mas o meu maior pânico talvez seria no bom e velho "dentro de casa". Reprovação essa que talvez nunca aconteceria, porém foi construída na minha cabeça. Daí, toda vez que vivia algum tipo de relação mais profunda, tinha aquele prego chato da infância me martelando.

Consequentemente, por alguns bons anos me blindei para não gostar de mulheres, por todos esses fatores pessoais e também como forma de me proteger de uma sociedade que insiste em menosprezar as pautas lésbicas e colocar no lugar de fetiche de macho hétero a relação entre mulheres. Em um país em que o lesbocídio ganha pouca visibilidade e enfrentamento, como o caso de Luana Barbosa, vítima do crime em 2016 no estado de São Paulo. Felizmente, em 2022, foi aprovado em Belém do Pará o Projeto de Lei estadual 4364/2021, com o nome da vítima, que tem como objetivo a construção de políticas públicas comprometidas com a cultura não violenta às mulheres lésbicas. Vendo estas conquistas somadas à maturidade batendo na porta e o empurrão do digital, forte catalisador na democratização do assunto, entendi que não podemos deixar que o medo da sociedade de sermos conscientes e seguras de si nos engula no ativo mais precioso para qualquer ser humano, que é ser LIVRE!

Ensinemos e naturalizemos para as nossas crianças que podemos gostar de todes. Que as nossas mais velhas consigam se libertar dos armários em torno da sexualidade criados pelo patriarcado. Que realizemos, enquanto mulheres negras, a proeza de experimentarmos novas formas de amar sem culpa ou pudores, como uma resposta à hipersexualização dos nossos corpos, tão estigmatizados a servir os desejos masculinos.

Apesar de gostosa, não precisamos fazer das nossas relações com pessoas do mesmo sexo o lugar único da "lichia": que seja suculenta de experiências como a toranja, saborosa e prazerosa como a manga e de afeto doce como o pêssego.

CAIXA PRETA

70% dos assassinatos de lésbicas com até 24 anos foram casos cometidos por pessoas conhecidas das vítimas.

Dossiê sobre Lesbocídio no Brasil, 2018

Fonte: <https://www.google.com.br/amp/s/agenciabrasil.ebc.com.br/direitos-humanos/noticia/2018-03/dossie-aponta-crescimento-na-violencia-contra-mulheres-lesbicas-no%3famp> Acesso em: 5 abr. 2022.

Encantamento: o "charme do mundo"

"Encantar-se é aprofundar-se no outro; é ser elogioso, sem perder o senso crítico."

Você que me lê neste momento certamente já estabeleceu alguns critérios para identificar se aquele parceiro/ parceira/ parceire é o seu número — mesmo que a relação não tenha ido muito para frente. Para uns, beleza põe mesa e é fundamental; para outros, o afrodisíaco é aquela estante de livros gigantesca e a intelectualidade de quem recita frases de Schopenhauer a Maya Angelou; e ainda tem os que se apaixonam pela estabilidade pessoal e profissional. No meu caso, o que faz o coração bater forte é ver pessoas que exalam o "charme do mundo".

A expressão, inspirada na música da Marina Lima, não é necessariamente sobre alguém com uma beleza catatônica, uma formação acadêmica repleta de PhDs, um emprego em uma grande multinacional com direito a uma conta bancária estratosférica. Está em quem sabe de si e do poder da sua imagem e personalidade, fazendo disso um corpo que abriga narrativas interessantes; é conhecer o erudito da academia, sem deixar de entender a beleza da sabedoria popular do Bezerra da Silva. Compreende que muitas vezes não está no patrimônio a aptidão para proporcionar momentos inesquecíveis, mas no zelo; é ter a habilidade de transitar entre mundos com gentileza, aquele "Q" de sagacidade e carisma! E toda essa série de atributos me gera um sentimento que traduzo em uma palavra: encantamento!

Encantar-se é aprofundar-se no outro; é ser elogioso, sem perder o senso crítico; é subverter modismos e tendências, apegando-se pura e legitimamente na essência. Independentemente do tempo ou espaço, é aquilo que te arranca pupilas de coração, sem criar situações ilusórias ou alienadas, mas por ser simplesmente especial para você; é bálsamo para tempos nebulosos; é o que nos dá força para continuar.

Não é só o que queremos ver e condicionamos a nossa mente: é reconhecer e estar ciente de que existem defeitos, imperfeições e falhas, mas, ainda assim, admiramos, honramos e não queremos viver sem. Encanto é consciência!

E por aí, quando foi a última vez que se encantou?

CAIXA PRETA

Entre as principais características mencionadas na hora de escolher uma parceria estão: o caráter (94,8%), a inteligência (73,7%) e a bondade (72%).

Inner Circle, 2021

Fonte: <https://istoe.com.br/pesquisa-revela-o-que-as-mulheres-priorizam-nos-parceiros-em-aplicativos-de-paquera/> Acesso em: 5 abr. 2022.

Sobonfu, conte comigo para tudo!

"O pensamento de Sobonfu Somé não é sobre recuar nas batalhas vencidas pelas mulheres, mas mostrar a importância do autoconhecimento, da consciência, da responsabilidade, da atenção ao que se sente e do respeito consigo mesma e com os outros."

Você já parou para analisar as suas relações pela perspectiva da espiritualidade? Digo isso, pois, diante da minha estante abarrotada de livros, um marcou a minha vida para sempre: *O espírito da intimidade*, da professora e escritora burquinense Sobonfu Somé, escrito em 1997. A pensadora especializada em tópicos da espiritualidade, morta em 2017, escreveu essa obra, rara aqui no Brasil — achei meu exemplar num sebo com valor de colecionador (e não empresto para ninguém, viu?)—, para compartilhar ensinamentos ancestrais africanos sobre maneiras de se relacionar. Incrível, não?

Até ler essa preciosidade, nunca tinha parado para pensar o quanto o nosso amor é colonizado. Pela influência do Ocidente e do catolicismo, construímos uma noção de romantismo baseada no senso de propriedade e na necessidade constante de sermos aceitos. Um exemplo é a naturalidade com que cantamos versos que só reforçam o nosso desejo de posse pelo outro, como "você é meu" ou "eu quero ser toda tua". Descolonizar o amor é dar a ele o pertencimento e a generosidade de vivê-lo em comunidade. Nesse caso, não falo sobre poliamor ou

CAIXA PRETA   131

modalidades de afeto grupais. É sobre quem convive com os envolvidos em questão: amar é sentimento que precisa ser vivido pelo coletivo. Todos ficam inebriados por essa aura cheia de magia e encantamento. Para Sobonfu, amar não faz bem somente ao casal em questão, mas a todos que os rodeiam, e isso é uma das coisas mais lindas que já li.

Ah, e vale reforçar: *O espírito da intimidade* não é meramente sobre questões do campo afetivo! Sobonfu traduz o amor de maneira holística ao decodificar valores que regem as sociedades tribais africanas, cultura violentamente silenciada pelos costumes dos nossos colonizadores.

Eu poderia fazer um outro livro inteirinho discorrendo sobre o que aprendi, sobretudo no que diz respeito à nossa conexão com o outro. Então compartilho aqui alguns ensinamentos marcantes dessa leitura, que carinhosamente batizei de "Mandamentos de Somé":

A intimidade de um casal não é apenas a busca pelo prazer
Para o povo Dagara, tribo à qual Sobonfu pertencia, quando escolhemos ter uma vida íntima, equilibrada e espiritualizada, conseguimos potencializar a energia curadora ao nosso redor. "Se você buscar apenas o prazer, a intimidade será curta. Rapidamente, você estará terminando. Se você conseguir ver a intimidade como algo guiado pelo espírito e ir além da limitação do prazer, ela poderá ter um efeito duradouro. Poderá trazer vitalidade e cura", nas palavras dela.

Nos relacionamos com o espírito!
Na busca pela parceria perfeita, muitas de nós, às vezes, nos apegamos de forma desproporcional aos bens, ao físico em dia,

aos acessos, entre outros benefícios materiais. Isso importa? Em partes. É de extrema relevância enxergar a beleza, admirar as conquistas e criar, diante de um esforço coletivo, possibilidades de viver uma relação bem estruturada. Porém, também é essencial termos em mente que o relacionamento gera uma energia superior à dos envolvidos, que, muitas vezes, o universo terreno não dá conta de gerir. Daí a importância dos rituais para os ancestrais africanos.

"Ok, Luiza, mas vivemos em uma sociedade contemporânea cheia de 'microrrelacionamentos'. Devo me desfazer deles?"

Posso te dizer que, mais do que uma vida monogâmica (os Dagaras são poligâmicos, com uma perspectiva que, a meu ver, contempla mais o homem) ou endereçar todo seu afeto a uma só pessoa, mesmo nessas pequenas trocas, é muito importante entender energeticamente quem está do outro lado. A energia sexual é preciosa! Ela é a chave principal da nossa vitalidade. Tenha atenção com quem você se conecta para não ser "sugada" em lugares que não são necessariamente prazerosos. Cada vez menos é sobre quantidade e mais sobre qualidade.

Compartilhar responsabilidades é preciso

Nenhum tipo de interação afetiva se realiza na plenitude com esforço unilateral ou descomunal. Todas as partes precisam estar empenhadas em fazer dar certo. O equilíbrio é fundamental para que a gente só ofereça o que tem e o que pode em um relacionamento. E isso está de bom tamanho!

Esqueça tudo o que aprendemos sobre renovação de votos!

Esse ritual não é um casamento drive-thru em Las Vegas. A importância desse ato para a ancestralidade africana está na possibilidade de reatar a intimidade de um casal que vai se perdendo ao longo do tempo, potencializando tudo o que sentem um pelo outro.

O conflito não deve ser nutrido, mas ouvido

Para o povo tribal, isso é uma bênção. Ter problemas num relacionamento é comum. Olhe para eles como uma oportunidade de ganhar autoconhecimento e um desafio para ajudar a evoluir. Portanto, não fuja, lide!

Vaginas e pênis não são os únicos definidores da nossa energia sexual

Homens precisam nutrir o seu feminino, assim como nós, mulheres, nosso masculino. Carregamos dentro da gente as duas energias, que precisam sempre estar em harmonia.

Mas e aquele crush? E aqueles contatinhos? Esquece? Muita calma nessa hora!

Esses aprendizados não são um banho de água fria na liberdade sexual que conquistamos. Sabemos o quanto é difícil nos alforriarmos do lugar culposo de ter um corpo livre para sentir prazer e ter opções. Em termos de afeto e sexualidade, que consigamos criar os nossos próprios padrões e possibilidades, a partir do que nos deixa felizes e satisfeitas. O pensamento de Sobonfu Somé não é sobre recuar nas batalhas vencidas pelas mulheres, mas mostrar a importância do autoconhecimento, da consciência, da responsabilidade, da atenção ao que se sente e do respeito consigo mesma e com os outros. O amor é sábio, divino e maravilhoso!

Y OTRAS COSITAS MÁS...

• *O espírito da intimidade* foi escrito e publicado em 1997, nos Estados Unidos. É possível encontrar reedições em inglês, e a versão traduzida para português no início dos 2000 tornou-se raridade em sebos, chegando a custar entre quinhentos e setecentos reais.

Primeiro, ELE é que teve que morrer...

"Guardar mágoas, rancor ou alimentar relações que não fazem sentido é peso morto que só ocupa espaço na prateleira e atravanca as mudanças propositais em nossa vida."

Lua minguante. Época poderosa para fazer aquela "faxina" na vida e limpar os acúmulos. Não perdi tempo e escrevi uma carta para o parceiro do meu último relacionamento. Pontuei com carinho e cuidado o que a experiência representou para mim, todos os aprendizados, o que faria diferente e agradeci. Um "muito obrigada" bastante consciente, em tom de despedida, com sensação de que algo morreu dentro de mim; essa "morte" tá longe de ser a tristeza dramática que aprendemos com a cultura católica e se define com um fechamento de ciclo. É o renascimento do afeto em forma de uma gratidão imensa e bem resolvida que deixa de ocupar o coração e passa a habitar a alma.

Rascunhei, passei a limpo — e devo dizer que entre uma coisa e outra eu enrolei um bocado. A versão final chegou ao seu destinatário, e o "ensaio geral" queimei em uma fogueirinha, forma simbólica que aprendi com uma terapeuta de barra de *access* de encerrar um ciclo e de fazer com que o vento se encaminhe de carregar aquelas palavras para o mundão.

Quando pensei nesta crônica sobre amor e luto, de cara quis compartilhar esse ritual da fogueira que eu acho supereficiente. Outra certeza era sobre o título. Inspirado no best-seller *Primeiro eu tive que morrer*, da Lorena Portela, esse foi o livro indicado por ele durante o nosso término. Achei a sugestão curiosa, pois para além do bom recheio literário, pude perceber aquela velha tentativa do masculino de querer nos responsabilizar sobre o motivo dos encerramentos. É como se sempre coubesse a nós as chaves da reflexão e da mudança de comportamento após um evento tão triste como o fim de um namoro. O processo de "enviuvar-se" é intimamente ligado ao feminino, e eles seguem por aí nas reproduções dos mesmos padrões de comportamento.

Sou uma pessoa que acredita total na importância do luto no término de qualquer relação. Já fui das bem radicais, do tipo que deletou todos os contatos e nem quando encontrava em algum lugar eu cumprimentava. A maturidade (e as escolhas um pouquinho mais certeiras) me fizeram deixar o rompimento um pouquinho mais leve, e para isso um breve tempo de reclusão e um silenciamento temporário das redes da pessoa são suficientes para a vida seguir com sanidade.

Guardar mágoas, rancor ou alimentar relações que não fazem sentido é peso morto que só ocupa espaço na prateleira e atravanca as mudanças propositais em nossa vida. Não tenha medo de viver o luto: ele sabe ser bom aliado, assim como o tempo, nas horas em que precisamos arar o terreno e reerguer nossas fundações após o encerramento de um ciclo afetivo. Não respeitar esse momento não te faz curar mais rápido, mas pelo contrário: pode gerar atropelos pelo caminho e grandes frustrações. Entenda, se entenda e desapegue! É difícil, dá um trabalhão, mas nos restaura.

É importante deixar ir para caber o novo e só o que for bom.

CAIXA PRETA

No Brasil, houve um aumento de 15% no número de divórcios extrajudiciais, se comparado ao mesmo período do ano anterior.

Colégio Notarial do Brasil, 2020

Fonte: <https://www.google.com.br/amp/s/claudia.abril.com.br/amor-e-sexo/pandemia-casais-divorcio/amp/> Acesso em: 5 abr. 2022.

(Amor e) sexo

"Afinal, não é só de juras de amor eternas em forma de carrossel no feed ou de dancinha sincronizada no reels que se constrói uma relação de verdade."

Se você é sobrevivente de um mundo terrivelmente afetado por uma pandemia, respeitou os protocolos e, consequentemente, sofreu as angústias do isolamento social e de um longo período sem aquilo que os jovens chamam de "rolê", certamente o sentido das palavras "amor" e "sexo" nunca mais serão os mesmos. Verdade seja dita: se em um mundo em que passamos a conviver com a covid-19 tivemos de reinventar a nossa relação com o trabalho e com o consumo, outro ponto que não escapa de uma nova formatação é a sexualidade. E isso se aplica seja a solteires, casades, divorciades, mães e pais, pessoas sem filhos, morando junto, entre tantas configurações de parcerias que possam existir por aí. Ninguém saiu ilese!

Se, por um lado, depois de nove meses vimos o resultado dos bebês da quarentena; por outro, casais que considerávamos verdadeiras referências do amor romântico deixaram de existir. Afinal, não é só de juras de amor eternas em forma de carrossel no feed ou de dancinha sincronizada no Tik Tok que se constrói uma relação de verdade. Mas está no aprofundamento da convivência e do diálogo, práticas super em falta

CAIXA PRETA 141

diante do narcisismo e da objetividade provocados pelo imediatismo da nossa sociedade. E qual é a consequência disso? A negação dos problemas, muita, mas muita frustração e perda de tempo!

Se neste momento aticei em você gatilhos de angústia e de ansiedade, senta aí, toma um chá, que nem tudo é caos! Quem abriu com honestidade a gaveta do relacionamento entendeu que o primeiro passo para amar o outro é amar a si mesmo. E como fazer isso de forma prática sem parecer papo de coach? Comece por questionar o que você quer da SUA vida! Quando a gente define as nossas ambições e as motivações pessoais para que as coisas aconteçam, passamos a entender se aquela relação cabe no nosso sonho. Isso não é egoísmo, é respeito consigo mesmo e com quem está junto na sua jornada. É difícil de praticar? Não, mas dá trabalho.

Mas como uma boa leonina, com ascendente em câncer, lua em câncer e vênus em CÂNCER, praticamente a última romântica, a cabeça sempre conduz para o mundo do amor. Mas agora vamos para a parte que interessa, porque eu quero é falar de sexo!

Contatinho, brinquedinho, é você?

Acredito também que muitos tabus foram quebrados, pois passamos a conversar, naturalizar e praticar alguns deles. Quantas mulheres, após décadas sem tocar e conhecer seus próprios corpos, não se renderam às delícias da masturbação? Ou decidiram dar um upgrade nos "brinquedinhos" que já tinham em casa? A exploração de fantasias, antes guardadas em caixas de Pandora, agora ganham vida e nos fazem lembrar que amar é gostoso, mas destravar permissões com a nossa sexualidade pode ser bem divertido.

Mas essa interação não é só um privilégio de quem ficou junto entre quatro paredes. A reinvenção da afetividade e da transa entre os que escolheram ou não puderam ficar debaixo do mesmo teto também é significativa para os que acham que se relacionar à distância é muito impessoal. Falamos mais abertamente sobre o *sexting* e ficamos mais à vontade com o *camming*. Assumimos que dar aquela espiadinha saudável em conteúdos eróticos não é mais motivo de vergonha na roda de amigas.

Maaaas, se você ainda tem restrições sobre sexualidade, tudo bem. É com calma que a gente entende essa desconstrução e percebe o quão importante é se tocar, se conhecer, se abrir para este universo imenso e fascinantemente enigmático que ela é. Mas nada que uma série de acessórios fabulosos encontrados no comércio virtual (e com embalagem discretinha) não resolva e torne essa experiência ainda mais interessante.

Sem dúvidas, no amor, no sexo, no sexo com amor, ou em práticas de amor interior, o que levaremos para a nova era é o hábito de dialogar mais sobre o coração e a sexualidade. Juntos ou separados, ambos são energias preciosas e, se bem resolvidos dentro da gente, catalisam outros pontos importantes da nossa vida e da liberdade que temos com o mundo. Como aprendi com a ioga kundalini, ativar as dores, as delícias e as descobertas da nossa energia sexual, além de ser um ato de amor, é revolucionário!

CAIXA PRETA

76,13% dos empresários dos diversos tipos de negócios no mercado erótico são mulheres. Quase metade (47%) trabalha por conta própria, sem funcionários.

Portal Mercado Erótico, 2021

Fonte:<https://www.google.com.br/amp/s/revistapegn.globo.com/amp/Negocios/noticia/2021/03/mercado-erotico-triplica-em-numero-de-empreendedores-na-pandemia.html> Acesso em: 5 abr. 2022.

Um Rabbit para chamar de meu

"A satisfação pessoal está simplesmente na gente."

Querido Rabbit,

Lembra de quando nós nos conhecemos? Foi naquele drástico primeiro trimestre da pandemia. Estava lá, cabisbaixa com o fim de mais um relacionamento, e fiz uma videochamada com uma grande amiga. Naquele vai e vem das edificações de fofocas e algumas taças de vinho depois, falamos da importância que os vibradores assumiam na nossa vida diante daquele momento tão solitário. Eu, que até tinha um primo seu, meio tímido e basicão, pensei: este momento é meu! E com a ajuda dela, passei a procurar por algo mais turbinado, uma "nave espacial" que desse conta do "Big Bang" que aflorava em mim.

E estranho seria se eu não me apaixonasse por você! Tão divertido, tão gentil e tão completo... nos demos bem de primeira, lembra? Você vibrou por mim, me aqueceu e me sugou da forma mais positiva possível. Me fez companhia em vários momentos e nunca me deixou "na mão", a não ser quando a distraída aqui esquecia de te carregar.

CAIXA PRETA 147

Meses se passaram, o coração curou, encontrou alguns novos "alguéns", mas eu sempre me mantive leal à nossa relação! Tentei te apresentar para os meus boys como forma de retribuir imensa gratidão? Você sabe que sim! Mas essa tal de masculinidade frágil é tão boba, que tenta se comparar a você, te menospreza e te julga. Mal sabem eles que, se organizar direitinho, todo mundo transa — e pode ter gargalhadas incríveis de alegria, tesão e prazer.

Se eu posso expor algo da nossa relação para você que me lê neste momento? Ele não me decepciona! Caso já tenha o seu por aí, espero que aproveite bastante este "date" tão profundo e revelador, que nos mostra uma importante habilidade que esquecemos de nós mesmas: a satisfação pessoal está simplesmente na gente. Caso ainda não tenha, experimente! Minimalista ou maximalista, tanto faz! Sozinha ou acompanhada no silêncio do seu quarto, você precisa de um Rabbit para chamar de seu!

CAIXA PRETA

No Brasil, nos períodos entre março e maio de 2020, a venda de brinquedos eróticos aumentou 50% em relação a 2019, de acordo com levantamento do portal Mercado Erótico.

CBN, 2020

Fonte: <https://www.google.com.br/amp/s/m.cbn.globoradio.globo.com/amp/media/audio/302062/venda-de-vibradores-aumenta-50-desde-o-inicio-da-q.htm> Acesso em: 5 abr. 2022.

Prazer, Helô!

"Ela [Helô] tem a sagacidade de entender que nem tudo que é bom é para ser eterno."

É normal as pessoas terem curiosidade sobre sua vida afetiva? Por aqui, posso dizer tranquilamente que nas minhas rodas de conversa, no que diz respeito ao tópico, sempre tive boas histórias para contar. E vale frisar: o "bom" não é necessariamente feliz, afinal, já tivemos de tudo: perrengues, escapadas, pedidos de casamento, desilusões, pegações inusitadas, o suposto príncipe encantado que cruzou territórios para te encontrar, trair e ser traída e por aí vai.

Seria injusto eu não afirmar que tenho uma vida amorosa um tanto quanto movimentada. Até minha mãe insiste em falar "você já namorou um bocado, hein?".

Tudo isso começou na adolescência. Surpreendentemente, para o meu grupo de cinco amigas (todas brancas), eu era a mais "pegadora". Minha curiosidade atiçadíssima era ávida por aventuras e histórias para contar! Se atrapalhava um pouco também, e cometia "enrolos" como ter dois namoradinhos ao mesmo tempo, achando que isso podia dar certo de algum jeito e, óbvio, o resultado foi uma confusão danada. Mas quem nunca?

CAIXA PRETA   151

Confesso que, naquele momento, pautas como autoestima e solidão da mulher negra não me atravessavam com profundidade, diante dos hormônios aflorados da adolescência. E assim foi até o início da universidade. Nos primeiros indícios da vida adulta, engatei em um longo relacionamento, que durante algumas idas e vindas (ou, como costumo apelidar, de "temporadas do Netflix"), durou uma década.

Mas antes que você pense que este texto é para te causar algum gatilho ou para me gabar das minhas proezas amorosas, segura que lá vem *plot twist*!

É curioso, mas grande parte das minhas relações que foram descontinuadas esbarraram em um ponto sensível da minha vida: a minha ambição e a minha obstinada jornada por subverter as estatísticas, garantindo conquistas e realizações um tanto quanto representativas para uma mulher negra. Parte destas parcerias se desestabilizava ou criava relações de insegurança não só com o meu desenvolvimento, como também com a pessoa que eu me tornava a partir do aprendizado daquelas experiências — e isso é um capítulo à parte deste livro. A partir daí, a minha vida adulta (e o retorno de Saturno) me jogou para um monte de relações temporárias, descobertas e aquela sensação de que "será que tem alguém do meu número neste mundão"?

Enquanto essa pessoa não chega, aprendi a me divertir no meio do caminho e, para esse meu alter ego, vos apresento a Helô Brasil.

A Helô é o meu lado que torna a vida mais objetiva e simples! Ela tem a sagacidade de entender que nem tudo que é bom é para ser eterno. Tem desapego e responsabilidade, às vezes mais coerentes do que a própria Luiza. E o principal: sabe rir de si mesma e das histórias que criou no verão de Salvador, no Carnaval de rua do Rio de Janeiro, no aplicativo de *threesome* ou até mesmo quando ela inventou de fazer um date em outro país, que não deu em nada, a não ser em uma ressaca daquelas no dia seguinte. Muitas vezes questionei em terapia se a "Helô" era um paliativo para as minhas dores após tantas solidões, desilusões e renúncias que surgiram na vida adulta. Para o meu alívio, entendi que essa persona me ajuda a tirar o escudo, a humanizar a alegria espontânea e é uma resposta à minha libertação enquanto mulher negra, que normalmente tem a vida afetiva tão engessada por conta de cicatrizes como a hipersexualização e a rejeição. Ou seja, a minha Helô é quase um ato político!

Uma mensagem muito importante que aprendi nas terapias holísticas que pratico é a de que "quem eu procuro também me procura". Sei que minhas buscas contemplam um relacionamento duradouro, não tão convencional, mas que resultem em uma construção familiar sólida e de muita troca. Mas, se enquanto razão eu organizo a casinha para ser a morada do que eu quero, a emoção ocupa espaço dizendo que dá para ser mais leve, divertido e, ainda assim, consciente de se permitir aquela meia dúzia de loucurinhas saudáveis e certeiras. Boas histórias são o que nos alimenta e nos mantêm vivos! E por aí, como anda a sua "Helô"?

Nome limpo!

"A honestidade é puro suco da paz!"

Oi, aqui quem fala é o seu *emocional*. Perguntar se está tudo bem para quem vive no Brasil é quase uma pachorra, eu sei. Mas fiz questão de dar o ar da graça para saber como tem passado os dias, mesmo sabendo que, em questão de horas, tudo pode mudar. Ah, e para te lembrar que afeto nem sempre está relacionado ao amor romântico: amizade e elos familiares também estão nessa conta.

Hoje eu vim falar sobre dívida. E não aquela do cheque especial ou do "boletinho" prestes a vencer. Ok, sei que isso também te aflige em tempos de tantas incertezas. Contudo, a pendência em questão é sobre um outro lugar de contrato: como tem honrado por aí os comprometimentos nas parcerias em todos os campos? Sendo franca e transparente com você, até mesmo para alinhar qualquer tipo de expectativa com outro? Ou criando uma bola de neve de endividamento e culpa, que precisa ser "bonificada" com mais sobrecargas, gerando esgotamento e frustração?

Antes de tudo, vale lembrar para você que me lê do outro lado: somos seres humanos e está tudo bem errar. Porém existe um outro ponto da conversa que merece aquela pausa reflexiva com direito a um gole de cerveja gelada: o que se faz com as falhas? Lida com transparência, franqueza e cabeça erguida? Ou tenta se enganar de que nada aconteceu, assume uma armadura intransponível e passa a culpar as "injustiças do mundo" pelas não realizações e como álibi para não se autorresponsabilizar?

Por que preferimos carregar sentimento de culpa e pendências com o outro, a resolver os "pajús"? Por qual motivo as pessoas éticas e corretas caem nessas armadilhas — que, em parte, são do ego — e, automaticamente, se perdem em desvios de conduta desnecessários, em situações que podem ser resolvidas simplesmente com uma conversa adulta e transparente?

Eu sei, são muitas perguntas! A verdade é que todos estão ansiosos, machucados, mutilados com tantas perdas, carências e angústias de momentos como este, e a aceitação é um dos pontos que ainda fazem a vida valer a pena. Enfrenta-se batalhas diárias de mulheres-maravilhas, super-homens e "não bináries de ferro" com socos e pontapés. Mas, melhor do que curarmos feridas como se fosse um corte superficial com band--aid e Merthiolate, é fazer o diagnóstico que vem de dentro.

Nos perceber em nossas profundezas é dolorido e zero aconchegante; porém, libertador. A honestidade é puro suco da paz!

Se o seu caso é viver o lado da moeda que sempre acolhe, perdoa e relativiza todos os vacilos que dão contigo, fica o meu recado: isso também não é saudável! Ser resiliente e empática é fundamental para humanizar as trocas. Só que absorver a qualquer custo as limitações e fragilidades dos outros, a ponto de se prejudicar, é adoecedor física e mentalmente.

Precisamos também ficar atentes para não acatarmos a maternidade em relações que não nos convêm. É necessário prestar suporte e apoio para quem amamos, mas não podemos ser simplesmente mães de nosses parceiros, amigues, colegas de trabalho, entre tantas outras pessoas da nossa rede!

A melhor forma de lidar com os endividamentos pelo caminho não é parcelando ou jogando no crédito para a próxima fatura: é resolver no débito mesmo! Longe de ser uma "compra impulsiva", são conversas que precisam ser sábias e com respeito ao tempo presente. Exige o avanço e o cuidado da aproximação, assim como a simplicidade de um pix. Invista, mas também se poupe e deixe ir o que virou saldo negativo. Deposite verdade e franqueza em torno das expectativas e transfira apenas o que te cabe para o outro, sem escassez e sem transbordar. Corpo, alma e coração agradecem!

CAIXA PRETA

O Brasil assume o ranking do país com o maior índice de pessoas com ansiedade no mundo desde 2017. Quase 19 milhões de brasileiros são acometidos com o transtorno.

OMS, 2020

Fonte: <https://g1.globo.com/fantastico/noticia/2020/12/06/ansiedade-e-o-transtorno-mais-comum-entre-os-brasileiros-sintomas-pioraram-durante-a-pandemia.ghtml>. Acesso em: 5 abr. 2022.

Dengo: viva e deixe viver!

"Trabalhe duro, pense gigante, mas não caia nesta de que o amor não é para você."

Encontrei a origem — e o poder ancestral — da palavra "dengo" ao zapear as redes sociais. Segundo a professora, advogada e mestra em direito pela UFBA, Ana Gabriela Ferreira, o termo é originário do quicongo, língua do povo banto, e significa "espaço de aconchego, serenidade e afeto". Parte do vocabulário dos mais "antigos", há quanto tempo o dengo não cruzava a minha vida, de forma literal e metafórica? Posso dizer, entre as inúmeras tentativas de me relacionar, misturadas aos deslocamentos insanos de trabalho e com a progressão profissional, muito do que experimentei nesses últimos tempos foram apenas amostras daquele cafuné na alma, pois conciliar a agenda com os interesses do coração estava mais difícil que responder grupo de WhatsApp com mais de dez pessoas.

Aí veio o isolamento social que, certamente, tirou do eixo a rotina de muitos de nós. Se no início a solidão era descontada em altas cargas de trabalho, produtividade e meia horinha diária pulando corda para passar o nervoso, com o tempo as necessidades e a vida mudaram — e muito! Passamos pelo gatilho do sexo (S.O.S.); de sofrer com a falta de responsabilidade afetiva alheia; da angústia e da ausência de horizontes sentimentais em pleno distanciamento... Eis que, tempos depois, surge uma vontade imensa de sentir leveza e adequação para uma vida que se flexibiliza (mas que não se normaliza), com vacina, máscara e álcool gel. Organizar e dividir a disponibilidade do tempo do trampo tem sido essencial? Sem dúvidas. Mas inverter a lógica do pensamento que acreditava que a parceria só se encaixava nas pequenas brechas do calendário, e permitir que seja algo transbordante, não só traz mais alegria para momentos ainda tão duros, como mais inspiração e sabedoria para traçar a jornada profissional.

Sei que esses meses nos desestabilizaram financeiramente, ameaçaram muitos os nossos negócios, sonhos e projetos. Porém, não permitamos que esta maré abale a forma como percebemos o nosso coração, o amor pelo outro e, sobretudo, pela gente.

Não deixe que a corrida em busca de seus objetivos de carreira aniquile o terreno do afeto. Trabalhe duro, pense gigante, mas não caia nesta de que o amor não é para você. Destranque esse cadeado! Permita-se amolecer por dentro e arrepiar-se por fora. Afinal, se o amor cura, e o trabalho dignifica, o dengo irradia positividade em quem somos — em todas as esferas.

Unidas da solitude

"A solitude é a fantasia real mais generosa e afetuosa que vesti nos últimos tempos."

[...] *Fundamental é mesmo o amor.*
É impossível ser feliz sozinho.

Calma, este não é mais um texto sobre amor romântico. Inicio com os versos de "Wave", do ilustríssimo Tom Jobim, para te convidar a uma provocação: qual seria o maior "Carnaval" do ser humano? Encontrar o amor em sua plenitude na figura de uma alma gêmea ou a felicidade em si próprio? Certamente, você, assim como eu, respondeu a segunda opção, correto?

Vivemos a era da mercantilização dos "autos": autoconhecimento, autoamor, autoestima e por aí vai. O enredo deste samba de uma nota só está em alta na indústria do *wellness*, virou tema de palestra dos coaches, que tanto insistem para sairmos da tal zona de conforto, e pretexto para virar produto de empresas que vendem do pinico à bomba atômica. É meio óbvio que toda essa necessidade de aprofundamento em primeira pessoa do singular é um processo necessário para criarmos percepção de quem somos e do que queremos. Mas será que este "autoexercício" não tem extrapolado os limites da racionalidade e, como em um samba atravessado na avenida, estamos nos tornando mais individualistas e idealizadores da solidão como lugar-comum?

Ser solitário é estar no recuo do vazio e do isolamento. E no caso de mulheres negras, a falta de pertencimento é um fator determinante para comprometer nossa harmonia e evolução rumo à plenitude. E é nessas horas que escolhemos as máscaras da sabotagem e buscamos muletas emocionais em relacionamentos abusivos ou nas compulsões: comida, bebida ou, ainda, nas compras.

Para amar, ser amada e se amar, aquela dose de emoção, espontaneidade e senso de coletividade também são precisos!

Solitude é ooooutra coisa: é aceitação e autonomia. É o prazer da sua própria companhia! Ser a rainha dessa bateria não indica estar necessariamente em carreira solo. Você pode estar rodeada de pessoas e de relacionamentos, mas com o "Estandarte de Ouro" de não gerar nenhum tipo de dependência tóxica com os que estão ao seu redor.

Numa sociedade patriarcal, que projeta no relacionamento o apogeu da satisfação pessoal, existem terapias, locais de acolhimento e cura que me ajudaram demais neste processo de fazer as pazes comigo mesma. Entre elas a ioga kundalini, que lida com a expansão da consciência; e ter me encontrado em rituais do xamanismo, que me trazem reflexões e desafios muitos positivos para a minha construção pessoal.

Sem dúvidas, a solitude é a fantasia real mais generosa e afetuosa que vesti nos últimos tempos. Ela gera harmonia, cadência e evolução para a vida e nos torna magnéticas pelo que temos de melhor e mais poderoso dentro da gente: a essência.

CAIXA PRETA

Estima-se que o valor do mercado global de bem-estar seja de mais de 1,5 trilhão de dólares, com crescimento anual de 5% a 10%.

McKinsey, 2021

Fonte: <https://www.mckinsey.com/industries/consumer-packaged-goods/our-insights/feeling-good-the-future-of-the-1-5-trillion-wellness-market/pt-BR> Acesso em: 5 abr. 2022.

PARTE 4

Ser digital

Quando o digital era tudo mato...

"A importância do que pavimentei a partir do virtual contribuiu diretamente na edificação do meu real."

A relação com o universo digital é um organismo vivo e em constante transformação. Se, por um lado, as redes sociais se renovam e com elas surgem novas necessidades de produção e consumo de conteúdo, por outro, lutamos para ter uma relação mais saudável com as telas e estabelecer o equilíbrio da vida que escolhemos ter tanto física quanto virtualmente.

A comunicação digital e todos os seus desdobramentos sempre foram importantes objetos de estudo para mim, e tudo isso começou ainda nos tempos da universidade. Ingressei na PUC-Rio em 2006, na faculdade de Comunicação Social, com o objetivo de ocupar a cadeira do jornalismo. Foi um período bem dramático para a profissão, pois foi bem na época da polêmica decisão de se derrubar o diploma de jornalista para o exercício da profissão. A partir daí, foi uma vida de reinvenções e recálculo de rotas, fazendo do digital uma grande morada dentro da minha trajetória: "Mídias sociais e blogs de moda e beleza" foi o tema do meu trabalho de conclusão de curso em 2010, orientada por um professor que muito manjava de jornalismo, mas pouquíssimo de conteúdo digital; em 2008, tive

CAIXA PRETA 169

a minha primeira oportunidade de trabalho na área de moda com a badalada profissão de *cool hunting* , fazendo pesquida de campo dentro do *streetstyle*, em português, moda de rua, que era a grande sensação do final dos anos 2000; tive a oportunidade de ser uma das agentes de transformação do mercado ao fazer o braço de conteúdo ganhar relevância no e-commerce; assessorei digitalmente as redes de um dos maiores nomes da moda nacional; durante as semanas de moda, fui responsável pela cobertura digital dos maiores veículos e canais de TV brasileiros; até que, por fim, construí e edifiquei o meu próprio terreno digital com o Mequetrefismos, primeira hub de comunicação contemporânea de moda e comportamento do Brasil pautada em protagonismo racial, diversidade e inclusão; além de ter conquistado prêmios e reconhecimento a partir do meu poder de influência no digital.

Hoje, entendo que a importância do que pavimentei a partir do virtual contribuiu diretamente na edificação do meu real. Não habito um castelo digital cheio de muros e me escondo nisso para a construção de um arquétipo, faço desse espaço uma janela para amplificar meus desejos do mundo físico em que tanto amo viver e articulo com ambas as realidades, on-line e off-line, com coerência, consciência e, sobretudo, responsabilidade.

Y OTRAS COSITAS MÁS

- Em 2009, o Supremo Tribunal Federal (STF) derrubou a obrigatoriedade do diploma para o exercício da profissão de jornalista. Na avaliação do presidente do STF da época, Gilmar Mendes, o decreto-lei 972/69, que estabelecia que o diploma era necessário para o seu exercício, não atendia aos critérios da Constituição de 1988 para a regulamentação de profissões.

Diga-me quem segues...

"Precisamos deixar mais justo o terreno das redes para quem cria conteúdo com propósito e responsabilidade."

"Diga-me com quem andas, e te direi quem és." Crescemos ouvindo essa máxima e, parafraseando-a para o contemporâneo, se ela surgisse agora, daria para trocar o "andas" por "segues".

A era digital ressignificou as relações com ídolos e mudou por completo a forma como trazemos referenciais para nossa vida. Se há algumas décadas os símbolos de sucesso e visibilidade eram os atores do horário nobre, os âncoras de telejornal e assistentes de palco como as paquitas, hoje essa coroa pertence aos instagramers, youtubers e tiktokers de milhões de views. E olha que nem estou me aprofundando em outras plataformas, como os podcasts e o *OnlyFans*! E não importa tanto o enredo dessa trama — ela vai desde o universo da moda até o entretenimento, passando pelo fitness e o celebrado *"wellness"*. É estranho, mas ser digital influencer deixou de ser a consequência dos seus atos para virar profissão.

Influentes, famosos, com a conta bancária progressivamente mais gorda *and...* estilos de vida cada vez mais inacessíveis. Sem dúvidas, é bacana acompanhar o *"play hard"* de pessoas com horas flexíveis para o *crossfit* ou para a ioga, pausas para tratamentos capilares nos salões mais badalados, rotinas com incontáveis etapas de *skincare* e viagens de fim de ano pelos destinos mais paradisíacos, com direito a *hashtags* contemplativas. Ah, sem contar o tempinho para fazer aquele procedimento estético aqui e outro ali dos adeptos da harmonização facial. "Tá pago", né?

Após receber alguns prêmios como o "Influenciadores Sociais Contra o Racismo" em 2018 pela Prefeitura do Rio de Janeiro, o "Agitadora On-line com Causa", no Woman Of the Year da Glamour em 2019 e, por último, o "Generation Change" pela MTV Europa em 2020, meu senso crítico sobre esse espaço tão celebrado da cultura digital tem ficado cada vez mais criterioso. Não quero apenas atuar no marketing de influência enquanto mais uma pecinha do tabuleiro, mas estar em um lugar decisório, criando curadorias e articulações entre pessoas, empresas e projetos que tenham boas histórias para contar e o poder de transformação da sociedade. A partir disso, em 2022 criei o meu laboratório de comunicação, o MequeLab, não só para fortalecer minha veia business, como também para mostrar que não precisamos apenas do "always on" para sermos engajados nas redes, mas sim do "always in" de quem está sempre por dentro dos fatos que importam.

Sim, já sabemos que nem tudo é sobre números e likes. Mas precisamos entender qual é o papel desses personagens em nossa vida, os questionar sobre o propósito dos seus conteúdos e ficar atentes a como eles nos impactam — positiva ou negativamente. No fim de tudo, o melhor a fazer é escolher apertar o botão de seguir daqueles que, quando desligamos a chavinha da internet, continuam sendo agentes transformadores.

Se você ainda tem em sua timeline corpos inatingíveis, *lifestyles* que se distanciam totalmente dos seus objetivos e posicionamentos que não geram questionamentos, apenas perpetuam padrões e comportamentos que te frustram e deixam ainda mais ansiose, tenho uma dica: que tal dar aquele *unfollow* gostoso em tudo isso? Vai por mim! Trata-se de uma ajuda para você e também de uma contribuição contra a influência tóxica. Precisamos deixar mais justo o terreno das redes para quem cria conteúdo com propósito e responsabilidade.

Por aqui, esta colunista e influenciadora que vos escreve continua quebrando a cabeça para fazer do espaço das mídias sociais algo não só com *awereness* (consciência) e *endorsement* (endosso), termos amplamente usados pela publicidade, mas algo com senso verdadeiro de relevância e essência. Sigo também na torcida para que floresçam ainda mais criadores de conteúdo para além do "um post, três stories e uma dancinha": que sejam mais sensíveis e entendam seus trabalhos como poderosas ferramentas educacionais. Que amplifiquem não só bons looks e comidas "instagramáveis", mas, sobretudo, o poder de uma sociedade de transformar a própria realidade para além das aparências e dos filtros. Afinal, como disse Nelson Mandela, "os tolos se multiplicam quando os sábios ficam em silêncio".

CAIXA PRETA

52% dos usuários de redes sociais brasileiros seguem algum influenciador digital.

Ibope, 2021

Fonte: <https://www.whow.com.br/pessoas/dados-comprovam-influenciadores-sao-chave-para-pequenas-empresas/> Acesso em: 5 abr. 2022.

Diversidade e inclusão: um post no feed, um minuto de dancinha e *lip sync*

"Ativismo não é filantropia!"

Tenho lido por aí as palavras "diversa" e "inclusiva" sendo usada como uma espécie de pedágio sem cancela. Seja em ambientes sociais como restaurantes e festas, por colegas de trabalho da moda e da comunicação e, principalmente, por representantes de empresas que oportunamente querem se aproximar destes conceitos tão disseminados nos últimos tempos — em todos os recortes: de gênero, raça, LGBTQIAP+, pessoas com deficiência e *body positive*.

Atuante do mercado de influência ou não, quem nunca recebeu (ou já viu *exposed*) de propostas indecentemente abusivas para se ter o *"casting* empoderado" a preço de banana? Abordagens contraditórias, com direito a *release* repleto de palavras de impacto de Simone de Beauvoir e Angela Davis, mas sem um centavo para pagar a sua força de trabalho? Projetos que contextualizam a sororidade e aceitação (óbvio que estas não poderiam faltar) entregando enquanto moeda de troca a visibilidade, fotos lindas e vídeos "lacradores" para postar nas redes?

O nome disso não é ingenuidade e muito menos "errou feio, errou rude": chama-se neoescravização digital, que, por

CAIXA PRETA 177

sinal, é um projeto muito bem arquitetado por algumas grandes companhias que usam seu poder e capital para impactarem grandes mercados, retroalimentam fortunas de grandes nomes da mídia, mas, por outro lado, se aproveita da vulnerabilidade de ativistas influentes para financiá-la e seduzi-la com pares de tênis e necessaires regadas de *skincare*.

E, assim, nasce a parcela incoerente desta "indústria da diversidade". Se, por um lado, grupos minorizados lutam diariamente para viver a equidade das oportunidades ou para a manutenção de alguns direitos adquiridos e tentam legitimar os seus discursos, por outro ainda vivem a precarização e a desestruturação de quem ainda muito mal consegue pagar os boletos. E para arrematar esta contradição? Um mercado poderoso que muitas vezes se beneficia do black, do pink, do *rainbow* entre outros "moneys" e banaliza essa batalha a produtos com escritos de #girlpower, estampados com arco-íris ou com os punhos erguidos do movimento black power.

Mas calma: existe muita gente séria no mercado disposta a derrubar este oportunismo e a articular reais transformações. Profissionais de comunicação como Samantha Almeida, Cris Naumovs, Márcia Silveira e Helena Bertho; as empresárias Luiza Trajano e Raquel Virgínia; lideranças como Daniele Cachich, Luana Génot e Ricardo Silvestre; além da palestrante Rebeca Costa e da consultora Michele Simões comprovam que não há nada de errado em entender que diante dessa era do ativismo existe, sim, uma nova forma de consumir, e isso tem muito a ver com pertencimento e identificação de valores.

Ativismo não é filantropia! As pessoas que estão verdadeiramente imersas nesses contextos estão com a sua saúde mental fragilizada (e me incluo nessa). Além de cuidar da saúde e da energia, precisamos estudar, nos preparar intelectual e espiritualmente para sermos linha de frente de discussões e de enfrentamento com haters.

E como diz a brilhante frase de Cacilda Becker, que conheci graças à empresária Monique Evelle, "Não me peça para dar de graça a única coisa que tenho para vender". Isso não é apenas sobre dinheiro. É sobre o fim da apropriação intelectual e para repensarmos a desconstrução de quem são os detentores de poder.

CAIXA PRETA

60% dos internautas brasileiros acreditam que as redes sociais contribuem para a mudança de opinião a respeito de algum problema social.

F/Nazca Saatchi & Saatchi e Datafolha, 2021

Fonte: <https://glamour.globo.com/lifestyle/trending/noticia/2017/12/ja-ouviu-falar-em-hashtivism-o-ativismo-das-redes-sociais.ghtml> Acesso em: 5 abr. 2022.

Nanomanual do cancelamento (ou de quando você fizer m*rd@ na vida mesmo)

"Precisamos cobrar penalidades, responsabilidades e plano de ação reparador para quem acha que a internet é terra de ninguém."

Duvido que por aí a ideia do cancelamento nunca tenha te feito tremer na base. Diante desta cultura que vimos ganhar força após o início da pandemia e, consequentemente, do isolamento social, com todos os olhos vidrados nas telas dos nossos *gadgets*, dos corações mais sensatos até os aparentemente "blasés" com a questão, virou objeto de preocupação para todes. Seja você um mero @ de pessoa física, seja do departamento de marketing de uma empresa ou, ainda, uma figura pública notória, ninguém passa ileso de uma gestão de crise quando pensamos nos desdobramentos de pisar na bola e cair no "Tribunal da Inquisição digital".

Mesmo para os mais desatentos, um dos grandes marcos desse cruel ato é o *case* da rapper Karol Conká. Enquanto comunicadora e gestora de minha marca pessoal, acompanhei o passo a passo deste que, posso dizer, foi um dos principais gerenciamentos de crise do entretenimento pós-contemporâneo. E, sem dúvidas, essa análise ganhou ainda mais minha atenção por se tratar de uma mulher negra em ascensão profissional, recorte que em muitas vezes é o mais vulnerável tanto na penalização quanto em seu perdão. Mas, felizmente, nossa mamacita virou o jogo e teve a possibilidade de reparação em um trabalho que, a meu ver, se demonstrou positivo diante das aparições pós-confinamento.

Felizmente, ao longo de minha jornada, não tive nenhum "abalo sísmico" que comprometesse a minha credibilidade nos mercados de comunicação, moda e influência. Mas, ainda assim, isso não me livrou de situações das quais tive de ativar o meu radar.

Em um mundo onde vivemos expostos a todo momento, o primeiro passo é pensar que "nunca diga nunca", afinal, ninguém está ileso. Diante disso, tenho alguns aprendizados que me orientam até aqui e servem não só para manter a nossa reputação virtual intacta, como também a nossa integridade enquanto pessoas éticas na vida off-line:

- Se errou, reconheça: não tente convencer os outros do contrário ou fingir que nada aconteceu. Se pronuncie e peça desculpas.
- Crises e pisadas de bola não têm hora certa para acontecer: é importante a sua disponibilidade e real intenção de resolver o problema.
- Responda com pessoalidade a cada crítica construtiva: não use de mensagens prontas e padronizadas. A humanização e o diálogo são essenciais nesse momento.
- Comunicação não violenta, sempre! Ou quase sempre, vai...

Lembrando que nenhum erro dá margem para discursos racistas, machistas, homofóbicos, xenofóbicos ou discriminatórios em geral: estes não merecem a sua atenção e precisam ser criminalizados.

Não maquie os erros ou os ignore como se não existissem. Uma de nossas habilidades mais nobres é a de encarar de forma transparente e realista os problemas e desenvolver estratégias honestas para contorná-los.

Acredito no poder de reparação das pessoas e não acho que o cancelamento é uma condição vitalícia. Mas precisamos cobrar penalidades, responsabilidades e plano de ação reparador para quem acha que a internet é terra de ninguém e enxerga no termo "liberdade de expressão" licença poética para perpetuar opressões e violências. Aqui, não!

CAIXA PRETA

No período entre 2019 e 2020, a palavra "cancelamento" foi citada quase 20 mil vezes na internet. De 2020 até 2021, o termo foi mencionado mais de 60 mil vezes, o que representa um crescimento de mais de 200%.

Mutanto / EBC, 2021

Fonte: <https://agenciabrasil.ebc.com.br/geral/noticia/2021-09/caminhos-da-reportagem-discute-o-cancelamento-virtual> Acesso em: 5 abr. 2022.

Menos influencers e mais *game changers!*

"O ato de influenciar é mais que uma profissão:
é a consequência de um bom trabalho, atualmente
não só executado no on-line, mas, sobretudo,
com bons frutos no off-line."

Como você já percebeu, fiz de um tudo no digital. E durante este trabalho de mais de uma década, o on-line mudou, e muito! E eu também mudei. Fui head de influência dentro de uma agência, me lancei em "carreira solo" enquanto marca pessoal e o @mequetrefismos, mais que uma página pessoal, foi aos poucos se tornando a janela de um universo imenso que inclui minhas experiências com jornalismo, moda e marketing de influência.

Trabalhos mil, uma publi aqui, um projeto ali, oportunidades enquanto conectora acolá... e veio a pandemia. Toda a dinâmica de isolamento social e a busca por discursos mais engajados para além do lacre nos fizeram enxergar a necessidade da coerência e da empatia em um mundo que agora debate o "Vidas Negras Importam", ou em um Brasil que é um dos países que mais matam por LGBTQIAP+fobia. Talvez tenha sido desesperador para quem era refém dos #looksdodia e do badalado (e inalcançável) *lifestyle* reduzido a restaurantes e viagens internacionais mensais.

Ok, tudo isso ainda é interessante para o universo das redes sociais – e será por muito tempo. É indiscutível o quanto o

CAIXA PRETA 185

espaço da internet tem o poder de amplificar vozes e também de servir como válvula de escape para um verdadeiro mundo do "faz de conta" da vida real. Ou quase.

Deixando o "pula e troca de look" e os #challenges coreográficos de lado, fica a minha pergunta: quais mudanças o seu influenciador favorito edificou para a vida aqui fora neste último ano? Ele transpôs a barreira da imagem do próprio @ e construiu sua marca ou empresa com pilares propostos em diversidade e inclusão? Ele educa a sociedade para debater pautas importantes? Em seus projetos, ele traz consciência em torno do impacto social e ambiental de nossas escolhas? Ou, ainda, gera acessos e empregabilidade, transformando a sua representatividade em pertencimento?

Precisamos olhar para o virtual e, ao mesmo tempo, tatear no real as transformações e as pautas por lá debatidas. Necessitamos de avanços no debate sobre o futuro da influência – que, por sinal, terá vida muito longa, com frequentes reajustes no jogo – e refletir o hoje. Já parou para pensar como as práticas de *shadow ban* afastam o grande público de conversas importantes e enaltecem a alienação em massa? Ou talvez em como regulamentar um mercado tão vasto de possibilidades, e que virou ferramenta de sustento e mudanças sociais a partir do empoderamento financeiro, principalmente para mulheres, pessoas racializadas e minorias?

Esta conversa virou papo de gente grande com cifras milionárias, sim. Ou até mesmo ferramenta de construção de alguns personagens que monetizam, mas são pouco relevantes e, ainda, facilmente substituíveis pelo próximo *reelerie* ou tiktoker. Porém sigo a acreditar que o ato de influenciar é mais que uma profissão: é a consequência de um bom trabalho, atualmente não só executado no on-line, mas, sobretudo, com bons frutos no off-line.

No fim, sobrevive quem souber criar o seu próprio jogo e não se deixar cair apenas no mar de "trends". E, como tenho costumado dizer por aí: "Menos influencers e mais *game changers*"!

Y OTRAS COSITAS MÁS...

- *Shadow ban*: prática de bloqueio integral ou parcial de um usuário ou seu conteúdo em redes sociais de tal forma que não seja imediatamente aparente para o usuário que eles foram proibidos.

@SerHumano real-oficial

"Não devemos flexibilizar ou relativizar nossas condutas e valores de acordo com o lugar que assumimos no on-line e no off-line."

O que é que eu vou fazer com essa tal humanidade? A pergunta pode até parecer verso de pagode do Só Pra Contrariar, mas é um dos maiores dilemas do contemporâneo, em um mundo que se vê diante da retomada de uma normalidade social totalmente alterada pelas imposições da pandemia e que, ao mesmo tempo, se vê limitado diante das telas do digital, que cria distorções na realidade e verdades absolutas na fantasia.

Todo esse papo aparentemente *"mucho loco"* começou em um festival de conversas de que participei com o tema "Como voltar a ser humano?", com feras do quilate da escritora Rosana Hermann e da sensatíssima doutora Dulce de Brito, coordenadora médica de saúde populacional do Hospital Albert Einstein. Estamos em um momento de intensa transformação da sociedade. A extensão do digital em nossa vida e os quase dois anos de renúncia das habituais relações presenciais trarão profundas marcas no que viveremos daqui para frente.

Quem aí não se sentiu "robotizado" diante da infinidade de estímulos gerados por algoritmos cada vez mais "humanos", que a cada dia estão mais afiados com os nossos gostos e interesses? Entre uma "brusinha" daqui ou um produtinho de *"skincare"* dali que ele insiste em dizer que você precisa, este gatilho se potencializa mais se passarmos meia horinha na nossa timeline vendo as celebridades e influenciadores que tanto gostamos: férias dos sonhos, alimentação saudável, chave do carro novo, apartamentos decoradíssimos, invertida na ioga e a sensação de que o sucesso de todo mundo anda a galope... menos o seu.

Ver que a "grama digital do vizinho" é sempre mais verde do que a nossa é angustiante. Se, para uns, a cura é silenciar-se das redes para evitar o enlouquecimento, para outros, com menos maturidade emocional (e muitas das vezes falta de caráter também), é se esconder atrás de @s para destilar discursos de ódio e informações inverídicas, as fake news. Se comportam como cães que ladram raivosamente no espaço das redes, mas se colocados na mesma situação no off-line, nada mais fariam a não ser colocar o rabinho entre as pernas.

Ser humano é um fascinante ecossistema que envolve corpo, alma e coração. Não devemos flexibilizar ou relativizar nossas condutas e valores de acordo com o lugar que assumimos no on-line e no off-line. Estamos nos encaminhando para um mundo em que nasceremos com e-mails e credenciais digitais que funcionarão assim como a nossa certidão de nascimento.

Mas, para além de tudo isso, precisamos lembrar que a maior tecnologia que temos é ironicamente ancestral: o espelho. Pois é nele que nos enxergamos fisicamente e mentalmente. Vemos como queremos tratar e sermos tratados. Quais atitudes do outro que considero uma boa influência e em que quero me espelhar. É nele em que está a nossa autopercepção e ainda não existe câmera frontal no mundo tão honesta e sincera.

Mas como fazer com que o real e o digital sejam aliados sem (grandes) crises?

Antes de tudo, direto e reto, cuide da sua saúde mental.

Se isso ainda soa pouco prático para você, outra dica de amiga: em tempos de tanta dispersão, a sua humanidade precisa de organização para focar. Defina objetivos, estratégias e táticas para entender o lugar aonde se quer estar. Acredite, esta é uma ajuda imensa, que nos apazigua diante do universo bem--sucedido que as redes insistem em nos mostrar.

Pergunte-se: "O que estou fazendo de transformador para o mundo?". E não precisa ser nada em escala global! Falo das microações, que realizamos tanto em nossa vida pessoal quanto na profissional. Priorize escolhas que reduzem impactos ambientais e favoreçam grupos minorizados nas esferas de poder. Exerça mais a escuta ativa. Tenha sensibilidade para entender o novo e o diferente.

Seja no digital ou no real, nossa humanidade é o reflexo de nossas ações no mundo. Que o nosso desejo de respeito e credibilidade ressoe para além do que é publicável e que o engajamento não nos adoeça.

PARTE 5

Ser real

Voltei pra mim!

"Não quero ficar só com o que meramente me serve: prometi para mim mesma exercitar a objetividade e aquele tico de racionalidade para fugir das ilusões e assumir escolhas compatíveis com a vida que eu quero ter."

Enquanto escrevia este livro, passei por um dos momentos mais turbulentos da minha vida: um tornozelo quebrado com direito a uma cirurgia de emergência, um Ano-Novo com participação especial da danadinha da lua minguante, que fez todo mundo recalcular a rota dos pedidos e vibrar para eliminar o que não te pertence mais, terminei um relacionamento e positivei para a covid-19, que se manifestou de forma assintomática quando daria início a minha fisioterapia. Ah, e para completar, descobri que nasci de novo, pois durante todo esse tempo eu fiz meu mapa-astral com a minha hora natal errada. Sou uma leonina com ascendente em câncer, Lua em Câncer e Vênus em... Câncer também.

Rezei, me benzi, fiz muita fisio e o desfecho deste ciclo foi lindo, absoluto e glorioso, celebrando a minha chegada memorável à Paris Fashion Week, após quatorze anos de trajetória profissional.

O voo desta fênix só aconteceu pois ativei o método "Marina Sena" de ir atrás do que eu sonhei, como na música homônima ao título desta crônica, e encontrei o momento ideal para recriar laços comigo mesma!

CAIXA PRETA

Daí, lanço a pergunta: quando foi a última vez que se apaixonou por você mesme?

Acompanhada de um repouso forçado, da bateção de perna compulsoriamente pausada por conta da imobilização e do isolamento, repensei seriamente os meus desejos. Não quero ficar só com o que meramente me serve: prometi para mim mesma exercitar a objetividade e aquele tico de racionalidade para fugir das ilusões e assumir escolhas compatíveis com a vida que eu quero ter. E olha, posso dizer, com tantas reflexões iniciadas neste período, eu comecei a ver tudo tão mais claro...

E sabe como eu dei início a esta vida com mais "sabor"? Com uma verdadeira faxina física e mental. Isso mesmo! Cortei um monte de papel; eliminei tudo que estava quebrado, trincado ou sem funcionalidade, desapeguei de roupas que não fazem mais sentido para este momento da vida e me presenteei com uma massagem ayurvédica para cuidar dos chakras. Agendei médicos mil: desde consultas periódicas de clínica geral e ginecologia até aquela dermato babadeira e deixei de adiar a cirurgia refrativa para corrigir a miopia. Reativei contato com assessoria financeira para pensar em novos investimentos e otimizar cada vez mais o uso do dinheiro. E todos esses planos de organizar a casinha física e espiritual são importantes para que tudo que vier de fora, dos jobs ao crush, já cheguem alinhados em abundância e, sobretudo, qualidade.

Voltar para você é pensar menos em soluções paliativas e de curto prazo, que exigem desgastantes e frustrantes reparos, e mirar no que te importa. Não se apequenar pelo receio de crescer. É não ter medo de receber o que é maior e melhor. É querer o horizonte para ser feliz.

Empreendedorismo: prefiro evitar a fadiga...

"Não caia nessa de que você precisa trabalhar enquanto eles dormem. Esse pensamento só reforça privilégios de uma cultura escravocrata!"

— Alô, quem fala? É o senhor Tempo?
— Sim, pois não?
— Aqui é a Luiza Brasil. Atualmente, só o conheço de vista, mas é um prazer imenso falar com você. Não sei se o senhor sabe, mas sou jornalista e, atualmente, também acumulo como ocupação as dores e delícias daquilo que a minha geração mais souber ser: empreendedora. Comecei a dar os meus primeiros passos nesse instigante universo do "faz de conta" em 2014, após uma viagem para São Francisco, onde conheci uma penca de jovens que, do alto dos seus 25, trinta anos, tocavam suas empresas pelo smartphone, em qualquer café com um bom wi-fi. Achava tudo aquilo tão *cool*: ser dona do próprio tempo, trabalhar apenas com o que se ama e trajando o meu melhor pijama.

"Ah, vai ser o caminho para a liberdade!", pensei. Sou plural, multidisciplinar, multifacetada, multitarefas e, diante de tantos talentos, a vontade de abraçar cada oportunidade e com o medo da conta fechar no vermelho (somado ao desejo de comprar umas bolsinhas novas), também sou um tanto "multiatarefada" e sobrecarregada.

CAIXA PRETA 199

Sair do meu trabalho formal, voltar para o Rio e sentir o ventinho da liberdade bater nas minhas tranças como se fosse o ventilador de um clipe da Beyoncé foi maravilhoso nos três primeiros meses. Logo as problemáticas da sociedade do cansaço começarem a dar pinta, assim como as burocracias da vida adulta que tentamos driblar: abrir CNPJ, despesas, aprovação de conta jurídica no banco, alvará, despesas, contador, documentação, despesas, pouca instrução, despesas, falta de grana... DESPESAS! E depois de muito investimento e pouco retorno o que você pensa? Em desistir, mas tem as danadas das despesas que você precisa honrar!

Ok, ninguém disse que seria fácil. Mas o que nunca nos contam é que em meio a tanta romantização do empreendedorismo com frases de efeito como "trabalhe com o que você ama e não precisará trabalhar" e coaches que vendem "o sonho do próprio negócio" com palavras motivacionais, carrossel de aspas empoderadas e *cases* de sucesso que ninguém sabe, ninguém viu (lembrando que também tem muita gente séria nesse mercado, tá?), existe uma indústria que comercializa essa doce ilusão como se fosse para todos. O "largou tudo para viver do que gosta", sem dúvidas, exige renúncias e jornadas longas de trabalho. Mas, em muitos casos, se dar a esse luxo requer privilégios e não é só uma questão de mérito e talento. E, como já sabemos, esse tipo de regalia tem gênero, classe e, por último, mas não menos importante, cor.

Pois é, senhor Tempo, espero que esteja com disponibilidade, pois o textão veio!

Seja as empreendedoras, seja as minas com emprego fixo, se tem uma coisa em comum que nos une é que estamos EXAUSTAS. Lidar não só com o excesso de trabalho, mas com todo o seu entorno, que pode incluir a maternidade, o assédio moral e a necessidade de validação a todo instante, tem nos deixado doentes.

Mas fique tranquilo que nem eu e nem minhas semelhantes vamos renunciar aos nossos sonhos, viu? Se você me perguntasse se eu faria tudo de novo, diria que sim. Mas talvez equilibrando um pouco melhor o lado criativo com o estratégico, olhando muito mais para a gestão e o planejamento. Aprendi que o sucesso profissional ou o empreender com "E" maiúsculo, aquele que te leva a empresariar, não se faz somente a base do dormir cada vez mais tarde e acordar cada vez mais cedo; é necessário investir nosso tempo e energia em autocuidado, espiritualidade e descanso. Não caia nessa de que você precisa trabalhar enquanto eles dormem. Esse pensamento só reforça privilégios de uma cultura escravocrata! Se aqui estamos é para repensar o significado de liderança, tornar mais justa a noção de prosperidade e, acima de tudo, resgatar a nossa humanidade.

CAIXA PRETA

Aumentou em 18%, entre 2005 e 2015, o índice de pessoas que vivem com depressão e, como não é de se espantar, a prevalência é maior entre as mulheres.

Organização Mundial de Saúde, 2017

Fonte: <https://www.paho.org/pt/noticias/23-2-2017-aumenta-numero-pessoas-com-depressao-no-mundo>Acesso em: 5 abr. 2022.

Vestindo a consciência

"Moda não é mais só uma forma final: é caminho do meio e ferramenta para a nossa expressão e conexão com as nossas intenções neste mundo."

Você é o que você veste? Eu sei, esta pergunta pode ir para mil caminhos. Mas, por aqui, prefiro seguir pelo lugar mais holístico da consciência, autoconhecimento e exercício de expressão.

Ao longo de mais de uma década no meu trabalho com moda e comunicação, acompanhei algumas tendências de estilo, comportamento e consumo como o advento do *fast-fashion*, os novos códigos de desconstrução do feminino, o "apijamar-se" durante os momentos mais críticos do isolamento social e o "boom" do e-commerce de artigos de luxo. Porém nada foi mais sábio do que entender que a minha jornada por uma construção de imagem consistente, criativa e com a minha personalidade tem bem menos a ver com limites estourados de cartão de crédito e muito mais com a total conexão com as minhas vivências e o exercício crítico das minhas escolhas, que passam a ser cada vez mais políticas.

Gosto de ser múltipla e complexa quando o assunto é a arte de se vestir. Gosto de cultuar minha ancestralidade, sem deixar para trás o frescor dos novos nomes da moda brasileira, meu acervo de família e as marcas que sempre sonhei em usar e hoje consigo torná-las mais viáveis. Mas, para esta fórmula de bolo (ou de look) dar certo, existe muita pesquisa, muita identificação e entendimento de que a nossa relação com a vestimenta é mais complexa do que o figurino.

Quero que pertença ao meu universo nomes que estejam preocupados com a diversidade e inclusão não só em suas campanhas com ótimas direções de arte, como também em seus departamentos; que se preocupam com os descartes de seus resíduos e com os gritos de socorro do planeta que clama pela sustentabilidade; que seja mais justa tanto na precificação do produto final quanto no pagamento de seus fornecedores; que veja a mulher como protagonista e não apenas para performar feminilidade.

Nosso lugar decisor apontando os caminhos da compra de moda também mudou. Afinal, hoje em dia, se migramos do lugar reativo do consumidor para sermos investidores ativos das marcas e empresas em que acreditamos, o ponto básico de partida para que esta relação faça sentido é que haja um alinhamento de valores e propósitos. Fortaleça quem quer ver você no topo e na liderança. Que enalteça o seu corpo do jeito que ele é. Que se posicione politicamente de acordo com o que você acredita. Que traga a sua história e a dos seus para o lugar de protagonismo com verdade e essência.

Sim, a-ma-mos "entregar o look"! Porém, nos dias de hoje, não é apenas um ato estético: é uma construção de narrativa. É a marca daquele afroempreendedor que você amou, combinado com aquele garimpo esperto de segunda mão, que vai muito bem com aquele tecido natural que faz a sua pele respirar e é arrematado por aquela joinha de valor sentimental garimpada no armário da sua avó. Todas essas atitudes fazem do seu guarda-roupa um lugar acolhedor, autoral e engajado.

Engana-se quem pensa que "escolhas conscientes" se resumem a comprar roupas *eco-friendly*. É indiscutível a importância de repensar a cadeia produtiva de moda, claro. Por outro lado, precisamos entender que estas escolhas são fundamentais não só para dialogarmos com a inclusão e a redução de impactos sócios-ambientais, como também na humanização das relações fashionistas, que cada vez menos é a superficialidade das regras do ter ou não ter para se aprofundar em pautas relevantes no que diz respeito à sociedade. Afinal, como costumo dizer por aí, meio ambiente é sobre pessoas. E pessoas seguras de si e conscientes do seu poder decidem melhor.

Moda não é mais só uma forma final: é caminho do meio e ferramenta para a nossa expressão e conexão com as nossas intenções neste mundo. É engajar com o que faz sentido em termos de valores e ética e deixar ir o que se limita a mais uma peça de roupa na arara. É "conceito, coesão e aclamação", como bem diz o meme, mas também é história, resgate, criatividade e construção de comunidade. Já estou com a roupa de ir, e você?

Força aos ícones!

"Ícones de estilo são pessoas que a partir de seus repertórios pessoais constroem referências."

Volta e meia me perguntam: Luiza, quem são os seus ícones de estilo?

Antes de eu citar nomes, adoro dar um passo para trás e começar esta pergunta do ponto zero: o que representa para mim estes verdadeiros heróis / heroínas / heroínes da moda?

Ícones de estilo são pessoas que a partir de seus repertórios pessoais constroem referências. Sabem que não é necessariamente com bolsa cara e marca "in" do circuito que se faz um bom look, mas na sabedoria de expressar quem se é e de contar boas histórias a partir do que se veste. O valor das coisas não se mede pelo termômetro da tendência, e sim pela essência.

Por isso, viva Clementina de Jesus e sua elegância que contempla a ancestralidade dos terreiros e a "chiqueria" nata do samba! O jeito esteta sem esforço de Miles Davis. James Brown e sua personalidade apoteótica. A saudosa Elza, que no alto de sua senioridade, criou com ousadia e maestria o visual de uma mulher poderosa e sensual. Entre as contemporâneas, Julia Sarr-Jamois, minha primeira referência de estilo da indústria da moda, e Magá Moura, que inspira gerações de mulheres negras não só com o seu estilo, mas com as suas chegadas.

E assim como aprendi com a Costanza Pascolato, "a gentileza com o outro também se traduz na forma como nos apresentamos". E não precisa ser um grande guru do estilo para levar consigo esse pensamento: basta ter aquela dose básica de autoconhecimento e apreço por você para entender os signos e significados do que deseja transmitir para o mundo.

Personalidade, coragem, ousadia, criatividade e intuição: seja ícone de si mesmo!

Grana preta

"Dinheiro não serve para te tornar refém.
A noção financeira é importante para te emancipar
e ser um facilitador de conquistas."

Desculpe, Tim Maia, com todo respeito à sua obra musical, começo esta coluna dizendo: eu quero dinheiro, sim! Não para criar um império nababesco regado a ostentação ou "delírios capitalistas", mas como uma ferramenta decolonial que resgata es nosses irmães pretes e muitas mulheres da precarização. Confuso de entender? Então senta, que lá vem história...

Até pouquíssimo tempo atrás, eu tinha medo de investir FINANCEIRAMENTE nos meus sonhos. E este "financeiramente" é em letras maiúsculas mesmo. Não media esforços para obter conquistas profissionais independentemente dos seus honorários e sempre batalhei no campo energético-espiritual para que, no pessoal, eu pudesse ser a mulher que sempre sonhei em ser. Mas, na hora de concretizar desejos no âmbito material, batia uma crença limitante de que eu não podia ter o que de fato eu merecia. E isso não tinha só a ver com bolsas e sapatinhos das *labels* que a gente ama, não. Respingava também nas decisões mais concretas de investir em casa, bens duráveis e serviços.

Talvez se, desde sempre, eu tivesse sido educada para entender que dinheiro é energia, eu teria feito, em um passado não tão distante, escolhas melhores, certeiras e conscientes que, sem dúvidas, me deixariam muito mais realizada.

Na esfera da expectativa, necessitamos pensar em patrimônios com franqueza e estratégia tanto quanto costumamos fazer com a nossa saúde (física, mental, espiritual). Porém a realidade é que frequentemente tratamos a questão com bastante culpa. Já parou para pensar nisso? O que piora se pensarmos nas mulheres e na comunidade negra. É como se fosse ruim sentir satisfação no lado das finanças pessoais. Por isso, e de uma vez por todas, precisamos entender que essas conquistas que ficam "no meio do caminho" refletem em outras relações da vida: amores, casa, trabalhos, amigos... Tudo fica "mais ou menos". Daí disparamos sobre nós mesmas o gatilho da insegurança e da inadequação.

Aprendi a investir em mim mesma e no melhor que posso (que em nada tem a ver com colocar os pés pelas mãos) com a ajuda da terapia e quando passei a entender com mais clareza o valor da minha energia de trabalho, baseado na minha reputação e trajetória. Com isso, percebi que a naturalização da precarização toca em um ponto que vem desde a ascensão social dos meus pais: pessoas negras que emergiram social e financeiramente, mas que, no caminho, encontraram a barreira da falta de referências, pois, vivendo esta jornada tão solitária dentro de suas redes, nunca tiveram orientação sobre o que fazer com a grana.

Por outro lado, e resgatando aqui mais um verso da MPB (obrigada, Lulu Santos!), "eu vejo um novo começo de era"! Hoje, passamos a absorver com mais fluidez a importância de cuidarmos de nossa saúde mental e também olhamos com mais afeto o tópico educação financeira. Nomes como Nath

Finanças, Amanda Dias e Carol Sandler dialogam com diversas realidades (e bolsos) sobre a diferença entre enriquecer e simplesmente ganhar capital.

Dinheiro não serve para te tornar refém. A noção financeira é importante para te emancipar e ser uma facilitadora de conquistas.

E como disse a pensadora Maya Angelou, "minha missão na vida não é apenas sobreviver, mas prosperar: e fazê-lo com alguma paixão, compaixão, humor e estilo". Tudo pronto, vamos?

CAIXA PRETA

No grupo 1% mais rico da população, a porcentagem de negros e pardos era de apenas 17,8%.

PNAD e IBGE, 2017

Fonte: <https://exame.com/brasil/os-dados-que-mostram-a-desigualdade-entre-brancos-e-negros-no-brasil/> Acesso em: 5 abr. 2022.

Madame Brasil e a estranha mania de ter fé na vida

"A boa vida é a gente se proporcionar o que é o melhor para nós diante do que temos e podemos."

Aprendi que ganhar a vida não é o mesmo que ter uma vida.

A reflexão acima, da Maya Angelou, me fez pensar: será que nós não estamos mais acostumados atualmente a sobreviver do que viver? Trabalhamos muito, criamos um monte de demandas e incumbências para nós mesmes e nunca estamos satisfeites. Além de tudo, sem saúde física e emocional para gozar no final.

Quando foi mesmo a última vez que você se permitiu tirar uma folga, aquele tempo para você ou se presenteou?

Não sou a "Maria, Maria" de Milton Nascimento, muito menos Pollyana, da Eleanor H. Porter, mas sou Luiza Brasil, e, para essas e outras, vos apresento outro alter ego que me ajuda a ser uma pessoa daquelas que cultivam a estranha mania de ter fé na vida, de um jeito nada mequetrefe: a Madame Brasil.

O nome, carinhosamente, é uma menção a como os convites das semanas de moda internacionais me intitulam. Madame Brasil me levou para Paris na maior semana de moda do mundo, com toda a pompa e circunstância para quebrar

CAIXA PRETA 215

paradigmas; me ensinou a apreciar muito mais a qualidade do que a quantidade; a fazer de qualquer momento simples uma experiência aconchegante; me alerta sobre a importância dos fins de semana e das férias; da necessidade de me estruturar para ter dias mais tranquilos; não me deixa esquecer das pequenas alegrias; e me permite!

Diferentemente das madames com "m" minúsculo, ela não se aliena e muito menos é irresponsável. Mas é o resgate do otimismo e aquela pontinha de esperança que faz uma vida tão cheia de atravessamentos melhorar.

Ela me mostra aonde o meu trabalho me levou, me livra das culpas e sempre me lança a seguinte pergunta: O que arranca o meu sorriso? São sobre essas satisfações que preciso correr atrás.

Viver bem é como um jogo de dominó: precisa de encaixes, estratégia e sagacidade. É saber que nem sempre teremos as melhores peças, mas o que importa é saber a hora certa de usá-las e movimentar o game a nosso favor.

A boa vida é a gente se proporcionar o que é o melhor para nós diante do que temos e podemos. O otimismo abre portas para a esperança, aquela janelinha ensolarada para o amor e tapete vermelho-chique para a generosidade, abundância e positividade. Viva as Madames com "M" maiúsculo!

Mundo, me sinto pronta!

"Você é f&d@!"

Não tenho a menor dúvida de que os últimos tempos não foram fáceis para ninguém. Certamente, foram anos de muito improviso, rebolado, alongamento, equilíbrio de pratinhos e muito se vira nos trinta, ou no Zoom. Respira fundo, faz ioga, medita… Ansiedade. Faz tudo de novo. "Tô exausta!" Vamos, mais uma vez… Ainda assim, a sensação de quase enlouquecimento, de que a saúde mental irá por água abaixo, segue ali do nosso lado.

    Verdade seja dita: também não posso ser injusta com a vida, pois no balanço final venho de um momento com realizações pessoais e possibilidades profissionais, além do estreitamento com pessoas maravilhosas que levarei para sempre — e, de quebra, desenvolvi a libertadora habilidade de me afastar dos humaninhos mais tóxicos. Porém a falta de espelhamento em corpos como o meu em todos esses espaços, e eu mesma me tornar referencial de mim, puxou gatilhos de ansiedade nunca vistos antes na história "dessa" Brasil. O que resultou em um *burnout* e a recorrer à ajuda psiquiátrica, uma conversa que devemos naturalizar cada vez mais. A boa notícia é: conseguimos virar esse jogo!

Se eu te disser que, no processo da escrita deste livro, o falar do meu "eu" ainda foi um tabu pessoal, você acredita? Contudo, a cada relato que dou sobre as minhas vivências, acabo me vendo ainda mais em mim mesma e, principalmente, em muitas outras mulheres como você e aquela nossa amiga que temos em comum. Por isso, resolvi abrir meu coração e compartilhar os cinco aprendizados mais importantes que tive depois que as fronteiras do mundo se fecharam diante de uma pandemia e se abriram para uma nova era, pelo menos no meu plano individual:

Feito é melhor do que perfeito: não é sobre fazer de qualquer jeito ou se escorar na mediocridade. É sobre entender que o nosso perfeccionismo muitas vezes é a bomba-relógio da nossa autodestruição, pela cobrança excessiva e uma constante exigência.

Autocompaixão: sim, permita-se, vez ou outra, "comer bola"! Com essas mancadas, aprendemos que não sabemos absolutamente tudo nessa vida e, ainda, damos importância para o ato de pedir ajuda.

Articulação com o diferente: já entendemos que a polarização do pensamento e da opinião não dá em nada, não é mesmo? A importância de construirmos novos diálogos e nos desarmarmos para o "oponente" será a principal moeda de negociação daqui para frente. Mais do que vivermos contornados pelos murinhos de proteção, precisamos construir pontes com mundos que não são necessariamente os nossos.

Não ter medo do reconhecimento: acolha e aceite elogios sem nenhuma modéstia. Você é f&d@!

Honestidade (com os outros e com você): mais do que dizer "não", se autoanalise. Você consegue entregar as solicitações naquele prazo? O quanto aquela experiência é demandante e te sobrecarrega? Não vai conseguir fazer mais? Avise! Com certeza esse senso crítico te protegerá de endividamentos emocionais e fará com que sua vida fique mais fácil.

É, acho que depois de tudo isso e de uma boa dose de autoestima delirante, me tornei a mulher que sempre sonhei em ser. E você?

Carta para os meus filhos

Oiê,

Vocês ainda não estão no mundo ou pelo menos não nos esbarramos ainda (e, pela última vez eu falo, até o fechamento deste livro). Mas acreditem: penso demais em mim e nos meus pais em cada conquista, chegada e realização. Porém, também penso em vocês e no tanto que se orgulharão de sua futura mãe. Durante parte da minha vida, achei que a maternidade não era para mim. Confio piamente na ideia de que nem todas as mulheres querem e precisam ser mães para conquistarem suas realizações. Mas o bichinho da maternidade me picou a partir do momento em que entendi que família não é mais aquela forma única e normativa do comercial de margarina e que existem inúmeras configurações possíveis. Mais do que o medo de ser mãe, a minha maior ferida e receio estavam no abandono e nas frustrações das relações que vivi, que temiam o protagonismo feminino e sempre duvidaram das minhas intenções nesse papel, por conta da minha enorme ambição e sede de transformação da minha realidade e dos pares que me cercam. Mas como

CAIXA PRETA 223

aprendi com a mitologia dos Orixás, Oxum lava primeiramente as suas joias antes mesmo de lavar os seus filhos. E isso em nada tem a ver com egoísmo, descaso ou narcisismo: é autocuidado e amor-próprio de quem é provedora. De quem sabe da importância do se priorizar para se doar.

Eu e uma turma de respeito, com quem dá aquela vontade danada de descer pro play ou de passar o recreio junto (e que provavelmente é tudo amigo de mamãe), estamos lutando para promover espaços mais justos e igualitários para que vocês não sintam literalmente na pele a dor de serem subestimados meramente pela negritude que carregam, tenham a liberdade afetiva de amarem quem quiserem, saibam respeitar e naturalizar o espaço da mulher na sociedade e que tenham a sensibilidade de perceber que é possível ser próspero e abundante, sem que o outro esteja na pobreza e miséria.

Que todas as conquistas que levei quase quinze anos para obter, e não foram por falta de competência e talento, mas, como sabemos, a pirâmide da desigualdade de oportunidades e acesso no Brasil coloca a mulher negra em sua base, que vocês levem um terço deste tempo para realizar.

Talvez a minha geração ainda não seja a mais disruptiva em uma série de coisas que vocês vão tirar de letra, que vai da naturalização do poliamor até o metaverso. Mas, sem nem um pingo de dúvidas, nós, millenials, que nascemos na transição de um mundo analógico para o digital, começamos a vida escutando música na fita cassete de trinta minutos dos "transados" walkmans e agora pedimos a discografia inteira de nossos ídolos para a Alexa, tivemos a desafiadora habilidade de ser linha de frente articuladora com o conservadorismo do passado, virar do avesso o presente, para não cair nos arrependimentos futuros de quem deixou de ser feliz para ficar 35 anos na mesma empresa, afinal, sucesso era meramente sobre estabilidade. Desenvolvemos empatia, aprendemos sobre os lugares de fala e de escuta ativa para se abrir para as novidades proporcionadas pelo amanhã, sem aqueles comparativos de "na minha época era muito melhor".

Enquanto escrevo as últimas palavras deste livro, é impossível não cantarolar o jingle de final de ano da emissora do "plim-plim", pois, literalmente, "hoje, é um novo dia de um novo tempo que começou". Que tenhamos a fé do Gil, a faca amolada de Milton e do Beto, a ovelha negra de Rita, a libertação de Elza, a paixão de Ro-Ro, a "Alegria, alegria", de Caetano, para as trincheiras que virão pela frente, mas também "muito amor para recomeçar", como canta Frejat. Me sinto pronta para mim, para vocês e para todo e qualquer charme do mundo!

Agradecimento

Agradeço imensamente aos meus pais, Leci Brasil e Getúlio Rodrigues dos Santos, por sempre acreditarem nos meus sonhos, no meu talento, e serem apoiadores de minha jornada, me dando suporte educacional, cultural, afetivo e, sobretudo, me incentivando a ser quem eu sou. À minha querida tia e madrinha Clementina Rodrigues dos Santos (*in memoriam*), a "Kelê", por ter sido a minha primeira referência não só de mulher negra jornalista dentro de espaços inimagináveis, como também de elegância, refinamento e *"joie de vivre"* ou aquilo que no Brasil chamamos de "alegria de viver". Independentemente do plano espiritual em que ela esteja, seguimos conectadas.

Ao Zé Macedo, que de grande amigo tornou-se meu gestor de carreira, e dessa frutífera parceria alcançamos grandiosas conquistas e inventamos o nosso lugar no mundo. Obrigada por acreditar nas minhas potencialidades e sonhos. Entrego e confio!

Ao Guilherme Samora e à Gabriele Fernandes, que com todo o amor e carinho do mundo cuidaram da edição deste livro. Mesmo com todo o meu frio na barriga, angústia e, por vezes, bloqueios criativos e mentais no processo de elaboração da obra, foram extremamente amorosos, pacientes e cúmplices. Vocês me mostraram a importância do acolhimento da chegada em novos espaços.

À Paula Mageste, Giovana Romani e Paula Jacob, que enxergaram na minha "Caixa Preta", coluna para a *Glamour Brasil*, a possibilidade de eternizar cinco anos de pensamento em meu primeiro livro.

À Renata Garcia, Malu Pinheiro e Bruna Cambraia, por serem incansáveis em fazer com que os meus textos impactem cada vez mais pessoas.

À Daniela Falcão, Paula Merlo, Alline Cury, Nathalia Fuzaro, que me concederam um espaço para chamar de meu em um dos principais títulos de revista do mundo e me ensinaram com gentileza e profissionalismo a evoluir na arte do jornalismo.

Às grandes amigas Caroline Baum, Isabela Serafim, Izabella Suzart, Laura Péres e Vivi Auerbach, mulheres importantes da minha vida, para as quais confidenciei ao longo de minha trajetória grande parte das histórias aqui contadas e me deram suporte e acolhimento durante minha jornada.

Aos amigos Daniel Kalleb e Valdecir Rosa, sempre leais, que acompanharam não só o processo de execução deste livro, como também se fizeram presentes em parte dos acontecimentos aqui retratados.

Ao meu time "mequetrefe": Giulia Ebohon, Gabriel Queiróz, João Bittencourt, Rachel Mattos, Thais Seabra e Viviane Alves, que emprestam seus talentos e habilidades para construirmos algo memorável para a comunicação contemporânea.

E por último, mas não menos importante, agradeço aos meus guias espirituais e mentores, que me auxiliam, orientam, me tornam ainda mais sábia e abrem caminhos para as minhas realizações. Honro, acolho e acato todos os ensinamentos que tive até aqui. Afinal, quem me protege não dorme, e eu também não deito!

Um "xêro", um axé e aquele abraço!

Este livro, composto na fonte Fairfield,
foi impresso em papel pólen natural 70 g/m² na BMF.
São Paulo, setembro de 2022.